JN125840

「販売の神様」といわれて

評伝 神谷正太郎

四宮正親 著

文眞堂

（出所）トヨタ自動車提供。

写真①　神谷正太郎

はじめに

神谷正太郎《かみやしょうたろう》は、戦後の自動車業界で「販売の神様」といわれた人物である。「技術の日産」「販売のトヨタ」という両社の特徴を言い表した表現があるが、「販売のトヨタ」をつくりあげた人物が、神谷正太郎その人である。

本書は、神谷の八二年の生涯をたどり、彼の構想力と事業活動の革新性について検討し、今日的な意義を考えることを目的とする。

神谷は、二〇〇三（平成一五）年、日本自動車殿堂入りを果たした。一八九八（明治三一）年に愛知県に生まれ、一九八〇（昭和五五）年一二月に八二歳で死去した神谷の殿堂入りは、つぎのような功績によるものであった。

あなたは、日本の自動車の草創の時代から自動車産業の重要性を予見され、豊富な海外での販売経験を活かしつつ、自動車の輸出及び販売の近代化、組織化に専念されました。そして、日本における販売の理念と基盤を確立し、自動車産業の発展に多大な貢献をされました。その偉業を讃え、ここに日本自動車殿堂者の称号を贈り表彰いたします（日本自動車殿堂総覧編集委員会編『日本自動車殿堂総覧　第一巻』適宜、句読点を入れた）。

ここに記されているように、神谷は戦前、戦中、戦後の自動車産業において、きわめて大きな影響を残した人物である。

神谷の生涯をたどるにあたって、参考となる文献について記しておこう。まず、神谷自身の手になる『明日をみつめて―私の履歴書―』（トヨタ自動車販売、一九七四年。同書は、日本経済新聞「私の履歴書」欄に一九七四年八月一九日から九月一六日にかけて連載されたものの再録である）をあげておこう。

ほかに、彼を対象とした著作も多いとはいえない。自らのことを書かれることを好まなかったためであるが、その代表的なものとしては、刊行順に尾崎政久『自動車販売王―神谷正太郎伝―』（自研社、一九五九年）、鈴木敏雄・関口正弘『裸の神谷正太郎―先見と挑戦のトヨタ戦略―』（ダイヤモンド社、一九七〇年）、野村耕作『神谷正太郎論』（ライフ社、一九七九年）、の三冊をあげることができる。

いずれもジャーナリストによるもので、尾崎（一九五九）は、一九三〇年代から五〇年代にかけての神谷の評伝である。随所に、神谷自身による文書、演説とともに、側近の思い出なども収録されており、史料的な価値は高い。鈴木・関口（一九七〇）は、業界紙の記者として神谷に接した当事者の記録も踏まえてトヨタの経営について叙述したもので、神谷の考えを知るうえで大いに参考となる。野村（一九七九）は販売の神様といわれた神谷の人間的な魅力に迫った点が特徴であり、彼の筆力を感じさせる。

また、トヨタ自動車販売編『モータリゼーションとともに』（一九七〇年）は、同社の社史のかたちをとっているが、経営史家の中川敬一郎、森川英正両教授の監修により作成されたため、きわめて経営史的な分析が行われており、随所に神谷の経営判断の根拠が彼の言葉で語られている。その意味で、学術的な価値は高い。

神谷は、同書の序文のなかで、次のように記している。

本書は、われわれの回顧録でも、成功録でもない。成功に欣喜し、失敗にほぞを噛み、試行と錯誤を余儀なくされながらも、努力のなかに自らの活路を見い出してきた一企業の赤裸々な体験記である。

このささやかな書が、われわれに対する世の理解と認識を一層たかめ、同時に、社内においては、次の飛躍に向う若い力の糧になることを念じて止まない次第である（トヨタ自動車販売編『モータリゼーションとともに』）。

会社史には、自画自賛の類のものも少なくないなかで、神谷は赤裸々に失敗の原因についても語っており、全体を通しての参考文献として貴重である。

それらのほかに、神谷が自ら執筆した『ダイヤモンド産業全書（二一）自動車』（ダイヤモンド社、一九五一年）があるが、自動車産業に関する概説書である。

神谷自身の生涯にわたるまとまった記事としては、前に触れた一九七四年八月から九月にかけて『日本経済新聞』に執筆した「私の履歴書」がある（この自叙伝は『私の履歴書　経済人一五』日本経済新聞社、一九八一年に収録）。したがって、本書が主に依拠したのが同記事であることをあらかじめお断りしておきたい。また、先にあげた『モータリゼーションとともに』の監修者である森川英正教授がインタビュアーを務めた経済誌『エコノミスト』の一九七六年の連載記事「戦後産業史への証言」は、神谷が経営判断するうえでの背景や経緯について知ることができる。


神谷は、第二次世界大戦前の一九三〇年代にトヨタ自動車の起源となる豊田自動織機製作所に入社し、同社から分離独立したトヨタ自動車工業を経て、戦後創設されたトヨタ自動車販売を率いて、わが国のモータリゼーションを演出する役割を果たした。

戦後のモータリゼーションを誘導するかたちで、複数販売店制の採用、月賦販売方式の確立、自動車保険の導入、自動車学校・自動車整備学校への投資、自動車販売業の社会的評価の向上など、トヨタがリードしつつ業界標準をつくり上げてきた。その背後には、神谷の深慮遠謀があった。

神谷は、常に販売店に儲けてもらうことを心掛けてきた。それが、ひいてはトヨタに利益をもたらすことを知っていたからである。地元資本・地元人材中心で張り巡らされたトヨタの販売店網は、他社にみられるような本社出資の販売店に比して士気は高い。そのような仕掛けをつくりあげた成果は、モータリゼーションも一段落した一九七〇年代後半の販売店の成績に如実に表れた。

一九七七年度自動車ディーラー系列別法人所得をみると、半期二千万円以上の所得をあげたのはトヨタ四系列の二五二社のうち一五七社であり、日産は五つの系列店二六二社のうちわずか六二社に過ぎない。なかでも、チェリー店は四一社全社とも半期二千万円以下の所得しかあげられていない。他のメーカー系列店もほとんどが半期所得二千万円以下である。それをみると、三菱系列一六二社のうち一一九社、東洋工業系列一二一社のうち一一一社、ダイハツ系列六六社のうち五八社、富士重工業系列六四社のうち六一社、鈴木系列八一社のうち五一社、いすゞ系列八六社のうち六二社、日野系列は五三社のうち二九社となっている。このように、トヨタ系列店の収益力の高さは圧倒的である（『週刊ダイヤモンド』一九七九年一月二〇日号）。

メーカー系列販売店間の競争を有利に進めることができたのは、トヨタのトータル・マーケティングを体現してきたトヨタ自動車販売の存在が大きく、同社で長期にわたってリーダーシップを振るった神谷の存在を抜きにしては考えられない。したがって、本書では、神谷の生涯を経営史、企業家史の観点から振り返っていく。

本書は一〇章構成をとっており、各章の内容について簡単に紹介しておこう。

第1章では、神谷の生い立ちから日本ゼネラル・モータース株式会社（日本GM）への入社と活躍について叙述する。志をもって入社した三井物産で感じた限界と独立後の挫折、日本GMで葛藤する神谷の姿をみていく。

第2章では、日本GMから自動車事業へ進出したばかりの豊田自動織機製作所への転身について叙述する。新たな職場に籍を得ることになった神谷は、国産車販売という難路に歩を進め、国産車販売店網の整備に奔走した。そして、販売店の献身的協力のもとに、生まれたばかりの国産車の品質問題に対応する様相について論述する。

第3章では、豊田自動織機製作所から分離独立したトヨタ自動車工業（トヨタ自工）が、戦時統制のなかで、とりわけ販売面でどのような変化を強いられたのかについて検討する。戦時統制期における神谷の活動が、戦後の配給から販売への移行を円滑にしたことを指摘する。

第4章では、戦後の自動車産業の復興に際して、配給から系列販売へといち早く舵を切るトヨタの動向を、神谷正太郎の言動を通じて明らかにする。

第5章では、トヨタ自動車販売（トヨタ自販）の創設と戦後トヨタの販売体制の整備について検討する。ドッジ・ラインを契機とした戦後不況のもとで、経営危機に直面したトヨタ自工は、救済融資に入った銀行団の要請を受けて販売会社の分離独立に乗り出す。銀行団が危惧したのは、融資資金の販売資金への利用であった。神谷は、トヨタ自工から分離独立したトヨタ自販を牙城に、まずは販売資金確保に向かって動き出した。

第6章では、神谷が量販体制の整備に邁進するいっぽうで、モータリゼーションの基盤を醸成するために行った業界の近代化と先行投資について考察する。

第7章では、大衆車市場を切り開くとともに、貿易自由化に対して能動的に販売力を整備していく神谷の姿を振り返る。自由化の下でも、市場における販売の競争力が大きな意味を有していることを神谷は知っていた。

第8章では、わが国が貿易・資本の自由化に向かうなかで、神谷は販売力のもつ外資との競争上の優位性に着目し、その増強に注力する状況を、日産との対比で解明する。そうしたなかにあっても、自動車社会のもたらす負の側面にも目を向けて、安全祈願の拠り所を建立する一面もみせている。

第9章では、インドネシア原油輸入にまつわる神谷の苦労とその死がもたらした影響について述べる。高度経済成長を支えにモータリゼーションが開花したものの、自動車の普及とともに公害問題も浮上した。石油資源に欠くわが国の公害問題にも目を向けた神谷は、低硫黄油の輸入に奔走する。しかし、それは神谷が苦手とする政治闘争に絡めとられることを意味していた。

終章では、「販売の神様」といわれた神谷らしい面を余すところなく伝える海外進出にまつわる試行錯誤に着目した。神谷は、当初から無理を承知で対米輸出のタイミングを見計らい、まず輸出を行うことでそこから多くのことを学習しながら、つぎの戦略へと確実に結び付けていった。

なお、本書が評伝であるという性格上、神谷自身の発言をできる限り引用した。発言を通じて、その時々の神谷の思いを表現することとし、旧仮名遣いはそのままとした。また、煩を避けるため引用頁については割愛したことをお断りしておきたい。

目次

第1章　青雲の志と挫折

1　世界わが市場

神谷正太郎は、一八九八（明治三一）年七月九日、愛知県知多郡横須賀町に生まれ、幼年期に名古屋で製粉・製麺業を営む神谷家の養子となり、名古屋商業学校（現・名古屋市立名古屋商業高等学校）に学んだ。同校は、コマーシャル・アカデミー（C・A）と呼ばれ、中部地方の商家の子弟に人気があり、商家の養子として神谷も同校にすすんだ。そして、同校の「世界はわが市場なり」という校訓のもとで教育を受け、国際貿易の世界へとひかれていった。

当時のことを、神谷はつぎのように述懐している。

わたくしが在学していた当時の校長市邨芳樹氏は、わが国のおかれた立場から、貿易立国の必要性を強く認識しておられた。そして、「世界わが市場」を校訓とし、それを大書して校舎に掲げていた。このころのわが国は、日清、日露両役の勝利を背景に、国威大いに発揚し、これに伴って通商の面でも著しい発展をとげつつあった。市邨校長は、そうした時代に学ぶ商学生の目を海外に向けさせ、日本が通商の面でも世界に雄飛する日を夢みていたのである。

そうしたことから、わたくしも、次第に海外に目を向けるようになり、物事を国際的に見る習慣が知らず知らずに身についていった（神谷「私の履歴書」）。

その後、神谷は家庭の事情で進学を断念し、校長の推薦もあって、一九一七（大正六）年に第一志望であった三井物産に無試験で入社し、商社マンとしての歩みを始めている。それは、三井物産の業容の拡大に伴い、府県立商業学校生の中から、学業優秀で品行方正の者については選考のうえ無試験で採用するという採用規定に則ったものであったという。

三井物産では、入社直後から海外勤務を希望し、入社翌年に新設間もないシアトル出張所に勤務する。さらに、その後のロンドン支店勤務を通じて、神谷は国際的なビジネス感覚を身に付けていった。

シアトル勤務時代、神谷はその人生に後年大きな影響を与える人物との出会いを経験する。それは後に述べるように、名古屋商業学校同窓の岡本藤次郎（東洋棉花勤務）との出会いである。岡本は二一回の卒業であり、神谷は三一回の卒業であった。

当時、三井物産最大の海外拠点であったロンドン支店で、神谷は鉄鋼の買い付けに従事して、仕事の面白さがわかってきたが、将来の自身の身の振り方についても考えるようになっていた。いまだ三井物産に残る学歴偏重、閨閥尊重の風潮は、神谷にとって将来が展望しにくい状況であった。神谷は、自ら「わたくしには、そういった意味（学歴・閨閥—筆者）での取り柄はない」（同前）と述べており、物産を飛び出す決意を固めつつあった。

神谷の当時の心境を聞こう。

寄らば大樹、とはいうものの、男子一生、下積みのままで終わるには忍びない。ならば、思い切って三井をとび出すしか道はない（同前）。

自らの前途を考えた神谷は物産を退社し、一九二五年四月にロンドンで鉄鋼関係の貿易業務を営む神谷商事を設立した。ビルの一室を借り、タイピスト一人を雇っての船出であった。この時、神谷は二七歳の若さであった。神谷商事は、鉄類を日本へ、真鍮をインドへ輸出する仕事が好況の波に乗って順調な滑り出しであった。神谷は、「三井物産を抜くのも夢ではない」とさえ自惚れたと述べている（同前）。

しかし、日本経済は大正末から昭和の初めにかけて混迷の時期を迎え、イギリスでは大規模な炭鉱ストが続き鉄鋼供給が不安定になった。その結果、神谷の事業は頓挫し、神谷は失意のうちに帰国する。一九二七（昭和二）年五月のことであった。

神谷商事破綻の経験は、神谷のその後の人生にとって大きな意味をもっている。神谷の話に耳を傾けてみる。

わたくしは、神谷商事の設立とその失敗を通じて、一つの人生観を体得した。それは、「過去のことにくよくよせず、大勢を見通した上で、その流れに逆らわず新しい人生を求めよ」という考え方である（同前）。

帰国した神谷が再就職先として着眼したのは、外資系の自動車会社であった。それは、一九二四年に横浜に創業した日本フォード社、二七年に大阪に設立された日本GM社である。それら二社の活動は、当時、華々しいものであった。アメリカ本国から部品を輸入して組立てるノック・ダウン生産と特約販売店網の整備を通じた大量販売、そして販売宣伝合戦の模様は、社会の関心をひいていた。両社は、年間一〇〇万円を超える宣伝費を投入し、銀座の街頭には広告塔を掲げ、キャラバン隊を組織して全国を陳列宣伝するなど、広告宣伝活動に積極的であった。時はまさに、輸入車と国内組立てを含めた外国車全盛の時代であった。

ここで、わが国における自動車の製造について触れておこう。わが国での自動車の製造は、明治時代末から始まった多くの人々による先駆的な試みに次いで、一九一〇年代から二〇年代にかけては、東京石川島造船所、東京瓦斯電気工業、快進社などの民間企業のほか、陸軍の大阪砲兵工廠が手がけていたが、いずれも手工業的な製造の段階であった。第一次世界大戦での自動車の重要性に学んだ政府は、一九一八年三月、わが国における最初の自動車工業行政となる「軍用自動車補助法」を制定して大型トラックの製造を促した。同法の内容は、民間の自動車製造会社に対し、大型トラックの製造に補助金を交付し、あわせて購入者にも購入、維持の各補助金を交付して製造と保有を促進し、有事の際には民間から徴発するというものである。しかし、なお手工業的な生産の域を出ることはなかった（軍用自動車補助法の作成過程については、呂『日本自動車工業史』を参照のこと）。

表 1-1　自動車保有台数の推移

（単位：台）

年	乗用車			トラック			合計		
	自家用	営業用	合計	自家用	営業用	合計	自家用	営業用	合計
1913			865			20			885
1914			1,034			24			1,058
1915									1,264
1916									1,656
1917									2,672
1918	1,939	2,385	4,324	121	88	209	2,060	2,473	4,533
1919	2,673	3,672	6,345	361	345	706	3,034	4,017	7,051
1920	3,347	5,232	8,579	828	591	1,419	4,175	5,823	9,998
1921	3,486	6,561	10,047	1,197	873	2,070	4,683	7,434	12,117
1922	3,809	7,939	11,748	1,798	1,340	3,138	5,607	9,279	14,886
1923	3,179	9,600	12,779	1,629	2,048	3,677	4,808	11,648	16,456
1924	3,972	14,979	18,951	3,169	5,113	8,282	7,141	20,092	27,233
1925	3,961	18,495	22,456	2,658	6,767	9,425	6,619	25,262	31,881
1926	4,517	23,456	27,973	3,087	9,010	12,097	7,604	32,466	40,070
1927	6,328	29,447	35,775	3,558	12,429	15,987	9,886	41,876	51,762
1928	6,657	38,003	44,660	4,268	17,451	21,719	10,925	55,454	66,379
1929	7,095	45,734	52,829	4,760	22,781	27,541	11,855	68,515	80,370
1930	7,718	50,109	57,827	4,724	26,157	30,881	12,442	76,266	88,708

（注）乗用車（営業用）にはバスを含む。空欄は不明。

（出所）呂寅満『日本自動車工業史』東京大学出版会，2011 年，31，61 頁より作成。原資料は，『モーター』。ただし，1917 年のデータについては，山本豊村『梁瀬自動車株式会社二十年史』極東書院，1935 年，12 頁所収の自動車年末現在表により補足した。

こうした状況の下で、わが国における自動車の利用に大きな変化をもたらしたのが、一九二三年の関東大震災である。震災復興のために急遽輸入された米国車は、市民の足として、また復興資材の輸送用として大活躍した。従来、富豪の玩具や軍用品としての認識しかなかった人々の自動車に対する認識は、大きく変わったのである。

わが国の自動車市場の将来性と東アジア市場における拠点としての優位

表1-2　自動車の供給状況

（単位：台）

年	輸入完成車数	国内生産 ()は小型車	輸入組立車	輸入組立車内訳		
				日本フォード	日本GM	共立自動車
1916	218					
1917	860					
1918	1,653					
1919	1,579					
1920	1,745					
1921	1,074					
1922	752					
1923	1,938					
1924	4,063					
1925	1,765		3,437	3,437		
1926	2,381	245	8,677	8,677		
1927	3,895	302	12,668	7,033	5,635	
1928	7,883	347	24,341	8,850	15,491	
1929	5,018	437	29,338	10,674	15,745	1,251
1930	2,591	458	19,678	10,620	8,049	1,015
1931	1,887	436（2）	20,199	11,505	7,478	1,201
1932	997	880（184）	14,087	7,448	5,893	760
1933	491	1,681（626）	15,082	8,156	5,942	998
1934	896	2,247（1,170）	33,458	17,244	12,322	2,574
1935	934	5,094（3,913）	30,787	14,865	12,492	3,612

（注）1．輸入組立車とその内訳は，資料の関係で台数に相違がある。
2．1916～25年に至る国内生産台数は不明。
（出所）日産自動車株式会社総務部調査課編『日産自動車三十年史』1965年，16頁。原資料は，日本自動車会議所『日本自動車産業ノ変遷ト将来ノ在リ方』商工省工務局調査資料。

性に着目したフォードとGMは、一九二〇年代の半ば、相次いでわが国に進出した。関東大震災を契機とした自動車市場の拡大という果実を獲得することになったのは、国内の企業ではなく、すでに大量生産と大量販売のシステムを整備していたアメリカの自動車会社であった。日本フォード、日本GM両社は、本国からの輸入部品によるノック・ダウン生産とフランチャイズ・システムによる販売店網の整備、そして潜在需要を顕在化する割賦販売の導入により、拡大するわが国の自動車市場を短期間で席巻していった（四宮『自動車流通の経営史』）。

表1―1は当時の自動車保有の状況を、表1―2は自動車供給の推移をそれぞれみたものであるが、一九二〇年代半ばにおける組立車を含む輸入車の盛況は保有台数を押し上げていた。英米での生活を経験し自動車への関心を深めた神谷にとって、外資系の自動車会社の存在は語学力を生かせる職場としてはうってつけに思えたのである。

三井物産をやめる時、二度と宮仕えはしないと考えたものの、独立資金もない状況で、メンツにこだわってはいられない心境であった。

2　日本GMへの入社と葛藤

神谷によれば、日本フォードと日本GMの両社に入社を申し込んだという。両社から採用したいという回答があり、待遇についても提示があったが、フォードについては入社を半年ほど待ってほしいという条件が付いていた。ちょうどT型からA型への切り替え時期に当たったというのが、その理由である。半年も待っている余裕はなかったため、神谷は日本GMに入社を決めた。一九二八年一月のことである。神谷の自動車マンとしての人生が、ここにスタートした。

神谷は、当初、大阪本社の販売広告部に配属され、販売店、販売計画、広告宣伝などを担当することになった。表1―2にみるように、フォードと激烈な競争を繰り広げるなかで社内には活気があふれていた。入社二年後の一九三〇年には、日本人最高の地位である販売広告部長兼同部代表員に昇進している。三井物産の旧態依然とした学歴と閨閥を重んじる風潮に嫌気がさして飛び出した神谷にとって、日本GMの能力主義人事は満足のいくものであった。そして間もなく、販売広告部長のまま東京事務所長を兼務することになり、東京に転勤した。

東京在勤となった神谷は、自動車産業育成をめざす行政への協力を求められることになった。表1―3にみるように、組立生産を主体とする外資系自動車会社が設立されて以来、輸入品総価額に占める自動車・部分品の割合は次第に見過ごせないものになっていった。そこで、国際収支への影響も考慮し、自動車の国産化が商工省のなかで取り上げられることになったのである。

一九二九年九月、同省は諮問機関である国産振興委員会に「自動車工業を確立する具体的方策如何」を諮問し、一九三一年五月にはその答申を受けて商工省内に自動車工業確立調査委員会が設置された。商工省の下で、経済的な観点から自動車産業の具体的な育成策が検討され始めたのであった。神谷は、「自動車産業が、やっと産業として認知された」という感想を漏らしている（神谷「私の履歴書」)。

商工省が具体的に自動車産業の育成策を検討するにあたって、内外の自動車産業の事情に通じた神谷の存在は、頼りにできるものと思われた。商工省からの求めに応じて、神谷は育成策の具申や資料提供を行った。しかし、一九三一年九月の満州事変の勃発を契機に、自動車行政の主導権は軍部の手に移った。陸軍は、当面の中国大陸での作戦に不可欠な軍需品としてトラックを必要とし、最終的には戦時における自動車の自給体制の整備をめざしていた。自動車行政の主導権が軍部に移っても、神谷に求められる役割が変わることはなかった。神谷にすれば、商工省や軍部との付き合いを通じて、わが国の状況や自動車行政の動向に触れることができた。

一方、GM側からすれば、神谷を通じて日

表 1-3　輸入品総価額に占める自動車・部品輸入額

（単位：円，％）

年度	自動車輸入額	自動車部品輸入額	合計 (A)	本邦輸入品総価額 (B)	A/B
1922	2,261,051	5,093,784	7,354,835	1,890,308,232	0.39
1923	2,955,211	8,527,069	11,482,280	1,982,230,570	0.58
1924	8,772,851	12,413,272	21,186,123	2,453,402,256	0.86
1925	4,600,009	7,061,433	11,661,442	2,572,657,836	0.45
1926	5,324,535	10,391,666	15,716,201	2,377,484,493	0.66
1927	8,063,062	10,218,901	18,281,963	2,179,152,858	0.84
1928	13,770,655	18,474,168	32,244,823	2,196,314,727	1.47
1929	9,545,870	24,062,513	33,608,383	2,216,420,015	1.52
1930	4,896,992	15,876,738	20,773,730	1,546,070,870	1.34
1931	3,378,063	12,951,105	16,329,168	1,235,675,266	1.32
1932	2,894,234	11,927,189	14,821,423	1,431,461,226	1.04
1933	11,864,392	12,006,958	23,871,350	1,917,219,858	1.25
1934	3,357,061	28,945,163	32,302,224	2,282,532,645	1.42
1935	3,202,241	29,387,106	32,589,347	2,472,236,116	1.32
1936	3,577,055	33,458,970	37,036,025	3,763,681,366	0.98

（注）数値の誤りは訂正した。
（出所）日本自動車工業会編『日本自動車産業史』1988年，19頁より作成。

本の自動車産業政策の方向性を詳しく知ることができた。ただ、神谷は、「軍や商工省の動きを、米人スタッフに逐一報告する気にはどうしてもなれなかった。それらの情報が軍事機密とは言わぬまでも、国防に少なからぬ関連をもっていることは明らかであり、ために愛国心ともいうべき理性が、わたくしにそうさせたのであった」と述べている（同前）。

一九三四年、神谷は日本GM本社副支配人に栄転し、大阪勤務となった。この間、GMは日本産業との提携交渉を進めており、神谷は東京事務所長として日本産業との折衝の任についていた。鮎川義介が主宰する日本産業とGMとの提携交渉は、一九三三年二月に開始され、一九三四年四月六日に提携契約が成立した。GMは、進出国の国産化策に対応した生き残り戦略として、日産との提携交渉に乗り出した。ここでは煩を避けるため提携交渉の詳細と内容については詳しく触れないが、日本GM株式の四九％を日本産業に、自動車製造会社（三四年六月一日日産自動車に改称）株式の四九％をGMに売却するという、子会社株式の交換を内容とするものであった。ただ、外資提携に対する陸軍省からの不満を受けて、GMは日本GM株式の五一％を日本産業に売却する旨の内容に同意したが、最終的に陸軍省内部の意見がまとまらず、日産―GM提携交渉は頓挫した。一九三四年一二月のことであった。陸軍省が自動車国産化行政を進めていくうえで、外資系企業にどのような役割を担わせるのかという意思が明確でなかったのが、提携交渉が頓挫した要因であった（交渉の詳細は、宇田川『日本の自動車産業経営史』参照）。

神谷は、この頃、日本GMから国産車メーカーへの移籍を考え始めた。それは、商工省や陸軍省の国産車育成方策の方向性が次第に固まり、次章でみるように、外国車に対する排斥の動きが強くみられるようになったからである。それに加えて、神谷は日本GMのアメリカ人スタッフへの反感を吐露している。神谷によれば、「当時、日本人社員に対する米人社員の態度は、単なる経済合理主義をこえる冷徹さがあり、そこには、明らかに差別意識が感じられた。特に、販売店に対する政策は情け容赦のないもので、経営難にあえぐ販売店を冷たく突き放すようなケースは日常茶飯事であった」という（神谷「私の履歴書」）。

同様の指摘は、当時、日本フォードのロードマン（出張社員）として、全国各地のフォードの特約販売店をつぶさに観察していた前原正憲の業務日誌にもみられるところである。前原は、「私の知る限りでは日本フォードは販売店の財政的困難を日本のメーカーのように融資して救助したり、メーカーの社員を出向させて管理したと云う温か味のある例は一つもなかった。他の言葉で云うなら、所謂『金の切れ目が縁の切れ目』であった」と記しており、当時の外資系自動車会社の販売店に対する態度を知ることができる（宇田川・四宮編『前原正憲著「牛尾児（モービル）四十年」上』）。

ここで、当時の外資系自動車会社が販売店と結んだ契約について、その概要をみておくことにしよう（「日本ゼネラルモータース株式会社及日本フォード株式会社ノ自動車販売方法ノ概要」）。日本GMの場合は、全国各府県に一販売店を設定し販売区域を厳密に取り決めていた。各販売店は、担当区域の一手販売権を持つ代わりに、GM所定の販売施設を設ける義務があった。それは、陳列室、サービス・ステーションを完備するということであり、そのうえで、必要な部品をストックしておくことが求められた。加えて、販売員と販売部長を常置することが条件であった。これらの条件をクリアして販売店になると、すぐに販売できるように新車を常時一定数量以上ストックしておくことが要求されている。一九三六年八月現在、大衆車シボレーの取扱店は満州の四店を含め五七店であり、中高級車ビュイック、オールズモビル、ポンティアック等の取扱店は複数県を受け持ち一〇店であった。

特約販売店から日本GMへの支払いは、すべて現金または一覧払手形が用いられている。なお、一九二九年に日本GM金融会社（General Motors Acceptance Corporation）が設立されて以降、日本GM金融が販売店に対する卸金融を行った。ただ、日本GM金融が取り扱う台数は、全販売台数の三〇％程度であった。販売店から日本GMへの注文は、毎月末に翌二か月分を確定注文し、さらにその後の二か月分の予定注文を行うことになっていた。日本GMと販売店との契約は、当初、毎年末に更改されることになっていたが、莫大な投資を余儀なくされた販売店は契約解除のリスクを少しでも回避するため、一九三五年から二年ごとの更改に改められた。

他方、日本フォードの場合、日本GMと大きく異なる点は、販売店に厳密な販売区域を設けずに複数の販売店を設置する方法を採り、販売店間の競争に重きを置いていたことである。一九三六年時点で、販売店は九〇店余りを数えた。販売店契約の期間は、日本GMと異なり一定していなかった。

前出の前原の記録により、日本フォードと販売店との関係の実態について迫っておこう。前原が、日本フォードへの入社以前に、名古屋で経営に参加していた有限会社カトウ屋自動車商会での経験では、「毎月の割当は遠慮なく押し付けて送って来たので、販売の忙しさは言語に絶した。その割当てたるや又当方の発注を完全に無視した一方的なものであった」という。また、日本フォードの複数販売店制のもとで、ブローカーの暗躍や販売店間の値引き競争が問題にされている。日本フォードは複数販売店制を採用していたが、適正な販売経路という考え方を基本に、顧客が地元以外の販売店から購入するには正当な理由を必要としていた。しかし、新車販売では、販売店が販売能力を超えて仕入れを余儀なくされた場合などは、地元客に販売したようにみせてその客が転売し他県から来たブローカーに販売する手法がみられた。また、部品販売では、日本フォードの卸価格はきわめて安く設定されており、小売は定価販売を求められていたため、販売店の利益率は高くなるように定められていた。そうした仕組みに安住して、複数販売店制度のもとで、販売店間の値引きが横行した。こうした値引き販売は、契約解除の対象となったのである。

外資系会社から販売店への押し込み販売、複数販売店制度の下で引き起こされる過当競争など、メーカーの論理を押し付けられて生じる販売店の苦境は、必然的に販売店経営の不振につながった。経営不振に陥った販売店は、即座に契約が解除されたのである。特約店の利益率の高さもあって、一攫千金をめざして特約店になろうとする予備軍が多かったのが、その背景にあった。

外資系会社は販売店に対する融資を渋り、販売上支障があると判断すれば販売店主の交代を求めることは少なくなく、販売責任者の就任には外資系の了解が必要で、その成績によっては馘首すら求められた。また、新車発表前の本社による責任販売台数の割当が、外資系を通じて販売店にしわ寄せされた。本社への返送が許されないという状況の下で、外資系は販売店に対して、旧型ストックに新型を抱き合わせて引き取らせる方法を採った。販売店は、損失覚悟で旧型を引き取らざるを得なかった。また、販売店が好成績をあげ、予定よりも多くの販売台数を売り上げた場合には、外資系から販売能力に応じたサービスが伴わないという理由で、同一地域内に新たな販売店が設置され、過当競争の状況がつくりだされたのである（尾崎『日本自動車史』）。

そうした状況は、神谷の目には異常なものに映っていた。このようなわが国の商慣習とはかけ離れた、あまりにもビジネスライクな販売店との関係に、神谷は疑問を感じた。そこで、アメリカ人スタッフとともに仕事を続けていくことに限界を感じていたのである。こうした経験を通じて神谷は、販売店との共存共栄の考え方を育んでいった。

第2章　国産車販売の道へ

1　豊田喜一郎との出会い

自動車産業を取り巻く環境は、軍事情勢も絡んで大きな変化の途上にあった。とりわけ、満州事変以降、陸軍省の発言権の増大は、自動車行政に大きな影響をもたらした。時代が外国車中心の時代から国産車の保護育成へと推移するなかで、外国車業界には逆風が吹き始めていた。一九三五（昭和一〇）年八月には「自動車工業法要綱」が閣議決定され、同要綱は立法化へと進み、翌一九三六年には「自動車製造事業法」が公布されて、フォード、シボレー級の国産大衆車製造企業を保護育成し、外国企業の活動を抑圧する方針が内外に示された。

そうした状況に加えて、先に述べたように、外資系企業と販売店との関係は、神谷正太郎の思いとは裏腹に、差別的とさえ思われることもあった。販売店の立場に理解を示す神谷と日本GM幹部との関係は次第にぎくしゃくしたものになっていった（尾崎『豊田喜一郎氏』）。このような業界を取り巻く環境の変化と外資系企業の販売店に対する振る舞いは、神谷の国産車企業への転身への決意を後押しすることになった。

一九三四年一二月にＧＭと日産の提携交渉が打ち切られて、神谷は日本ＧＭに見切りをつけ、国産車企業に移籍することを考え始めた。提携交渉のなかで神谷の手腕を買った日産自動車は、彼に入社を勧誘した。しかし、神谷は即断することなく、豊田自動織機製作所の自動車事業についても、その内容を吟味することにした。実家から通うことのできる同社の将来性について検討してみることは、自然の成り行きであった。

神谷は、郷里への帰途、名古屋に岡本藤次郎を訪ねている。前にも触れたように、岡本は名古屋商業学校の一〇年先輩で、神谷の三井物産シアトル出張所勤務時代に、東洋棉花の駐在員として同地に滞在していた。同地で知遇を得た岡本が、この時、豊田紡織株式会社に勤務していたからである。神谷は、岡本を通じて、豊田の自動車事業の実態についての情報を得ようと試みたのである。一六年ぶりの再会であった。

同日、岡本の勧めに応じて、神谷は豊田の自動車事業を率いる豊田喜一郎と面談した。豊田の自動車事業の内容について情報を得、自らの今後の進路を決める参考にしようという腹積もりであった神谷は、喜一郎から初対面の自分に「販売は一切君に任せてもいい」といわれて、戸惑ったと述懐している。翌日、豊田自動織機製作所刈谷工場を見学した神谷は、案内に立つ喜一郎の自動車製造にかける情熱、そのスケール、実行力、人柄に心酔し、入社を決意した（神谷「私の履歴書」）。

一九三五年一〇月に入社した神谷は、喜一郎から説得されたときのことを、つぎのように回顧している。

豊田喜一郎さんのお話では、当時の三井や三菱でも手を出さない乗用車をどうしても作ってみたい。しかし大衆乗用車というものは作ることよりも、どのようにして売るかということの方がはるかにむずかしい問題である。

自分は織機を紡績工場に売る経験はもっているが、大衆自動車を売るにはどうしても、アメリカのゼネラル・モータースやフォードのような販売方式によらなければ不可能だと思う。自分は技術者であるから、作ることは責任をもってやれるが売ることとなるとぜんぜん自信がない。そこで売ることについてはいっさい君に任せるから、引き受けてくれないか、とのことであった（トヨタ自工編『トヨタ自動車30年史』）。

神谷は、喜一郎の率直な話ぶりに感銘を受けたに違いない。そもそも三井物産の学閥偏重、閨閥偏重に嫌気がさして退職した神谷であったから、豊田の御曹司で、帝国大学出の高級技術者の喜一郎が、販売に関する自らの自信のなさを正直に初対面の自分に打ち明けて、素直に助力を求めるという人柄に、神谷の心は動いたであろう。

神谷は、初対面の時の印象をつぎのように述べている。

わたくしは、発明王豊田佐吉の長男で、中京経済界では今をときめく豊田財閥の御曹司に会うということで、少しく緊張したのであるが、喜一郎氏の第一印象は、温厚で、朴訥な紳士という感じで好感がもて、緊張もほぐれた。喜一郎氏はあいさつもそこそこに、国産車確立にかける氏の情熱をとつとつと、しかし熱意をこめて述べられたのである（神谷「私の履歴書」）。

事実、豊田の自動車事業には、喜一郎の説得に応じて多くの有能な人々が参集した。その理由の一つには喜一郎の人間的な魅力があったことが指摘されている。謙虚でハッタリがなく、内に強いものを秘めた人柄、そのうえ思いやりに富んだ喜一郎に、多くの有能な人材が心酔したのである（由井・和田『豊田喜一郎伝』）。神谷も、その例外ではなかった。

一九五二年三月、喜一郎が急逝し、一九五五年三月に故人の伝記として刊行された『豊田喜一郎氏』に序文を寄せた神谷は、つぎのように喜一郎を回顧している。

豊田さんは国産自動車完成の為には、自から工場の中で一日中油で手を汚すことも、車の下えもぐり込む事も、色々の計画をノートする為徹夜する事も、関係工場を訪問する為日本中を駆け廻る事も、そして自動織機の全収益や私財を蕩尽する事も、何等意に介しなかったが、その遺志を継いだ人達も、所謂「利潤」をはなれた心意気で本格的乗用車を完成したのだ。「豊田さんの夢」を「我々の夢」として（尾崎『豊田喜一郎氏』）。

神谷の回顧談は、喜一郎を慕う人々の思いを率直に伝えてくれる。いたずらに前途を悲観することもなく、ただ黙々となすべきことに向き合う喜一郎の想いは、多くの仲間たちに引き継がれていた。

喜一郎の長男として生を受け、トヨタ自動車工業副社長、トヨタ自動車販売社長、トヨタ自動車初代社長を務めた豊田章一郎は、父喜一郎の言葉をつぎのように紹介している。

生前、父は、「自分は自動車については何もしなかった。部下がみんなやってくれた」と言っていた（豊田『未来を信じ一歩ずつ』）。

この精神こそが、喜一郎のもとに志ある人々を引きつけたのである。

（出所）トヨタ自動車提供。

写真②　豊田喜一郎

2　豊田自動織機製作所の自動車事業

ここで、豊田の事業について触れておきたい。喜一郎の父豊田佐吉が初めて豊田式木製人力織機の特許を出願したのが一八九〇（明治二三）年のことであり、名古屋市内に織機製作工場と織布工場を設けたのが一九〇五年のことである。その後、一九一一年には豊田自働織布工場を新設し、一九一四（大正三）年には紡績工場を新設して豊田自働紡織工場と改称した。一九一八年、豊田自働紡織工場は改組されて豊田紡織株式会社が設立されている。

喜一郎が東京帝国大学工学部機械工学科を卒業し、法学部での聴講生を終えて豊田紡織に入社したのは、一九二一年であった。そして、一九二四年一一月には、父佐吉の研究を引き継いで、無停止杼換式豊田自動織機（G型）を完成させている。そして、二年後の一九二六年一一月、愛知県刈谷の地に、株式会社豊田自動織機製作所が設立された。喜一郎は、常務取締役に就任した。喜一郎、三二歳の秋であった。

喜一郎は、一九二九年九月から三〇年四月にかけて、G型自動織機についてイギリスのプラット・ブラザーズ社との特許権譲渡交渉のため欧米に出張した。八か月間の外遊のなかで、喜一郎は、繊維機械を含む繊維産業の将来性に対する不安を確たるものにした。世界的な産業構造の変化を肌で感じたのである。帰国の翌月には、喜一郎は豊田自動織機製作所に自動車の研究室を開設して、自動車に関する調査研究に乗り出した。そして、一〇月には、当時、ポピュラーなエンジンであった自転車にとり付けるスミス・モーターの試作に成功した。

豊田自動織機製作所は、一九三三年一二月の取締役会で自動車製造を事業に加えることを決議し、翌年一月、臨時株主総会を開催して、増資とともに営業目的に「原動機及動力運搬機械其他一般機械ノ製作売買」「製鋼製鉄其他精錬ノ業務」を追加した。自動車製造事業への本格的な進出を決めたのである。一九三三年の秋以降、喜一郎は、人材の確保に奔走していた。

自動車の設計や製造の経験を持つ技術者が、豊田自動織機製作所にいるはずもなく、経験を持つ人々を招聘するしかなかった。豊田式織機でアツタ号の製作に携わった菅隆俊、白楊社にいた池永羆、大野修司らである。マーケティング技

（出所）トヨタ自動車提供。

写真③　A1 型

（出所）トヨタ自動車提供。

写真④　G1 型

術に精通した神谷正太郎もまた、その一人である。

一九三四年三月、豊田自動織機製作所は、自動車用の試作工場を完成させ、九月にはA型エンジンの試作を終えていた。そして翌一九三五年五月、A1型乗用車の第一号車を試作し、九月には前月に試作を終えたG1型トラックの総合運行テストを実施したばかりであった。神谷が入社したのは、この頃のことである。

3　豊田自動織機製作所での日々

神谷の退職は、アメリカ人スタッフには不可解なことであった。まだ存在もしていない国産大衆車に自分の運命をかけ、現在の厚遇を捨てる判断は、彼らには理解できなかったのである。神谷によれば、「日本GMに辞表を提出すると、米人の支配人は驚いた様子で、『日本人社員としては異例ともいえる高いポストと高給で遇しているのに、何が不足でやめるのか』と不思議がった」という（神谷「私の履歴書」）。

円満に退社はしたものの、豊田自動織機製作所に入社した神谷を待ち受けていたものは、自動車とはいえない代物を販売する茨の道であった。しかも月給は一二〇円、日本GM時代の五分の一であった。そうした意味を込めて、神谷は日本GM時代の部下で、神谷と行動を共にする決意をした花崎鹿之助、加藤誠之の二人に、「シンネンヲ　モッテ　コイ」という電報を打った（同前）。

豊田自動織機製作所が新車発表会を催したのは、神谷が入社した翌月の一一月、場所は東京自動車ホテルの芝浦ガレージであった。新型車であるG1型トラックがお披露目された。この発表会を開催するにあたって、展示車両を愛知県の刈谷から東京へ輸送すると、車両に多くの不具合が発生した。神谷はその事実に直面して、国産車販売の困難を危惧した。会場には、ボデー付トラック二台、シャシー二台、試運転用一台が運び込まれた。当時、販売部の一員として関わった加藤誠之は、つぎのように語っている。

内示会の前日未明に出発したが、コースの半分も行かない中に、小夜の中山夜鳴き石の峠にかかったところで、サード・アームが折れてしまった。幸い補修パーツを積んであった中にサード・アームもあってなんとか修理はできたものの、その材質たるやマレーブルという、思えば危い運行であった。又あちこちと小休止をやり、その都度エンジンの調整をするのだが、別にゲージを使うでもなければ、運転手の指先感覚にまかせて行われているに過ぎなかった。ようやく芝浦にたどりついたが、予定時刻より遥かに遅れて夜中の三時——明ければ昭和十年十一月二十一日豊田自動織機製作所が純国産車を発表して、輸入外車に挑戦状をたたきつけたその日である。内示会に招待された来賓の中に誰がこの秘めたる事故を想像したであろう（加藤誠之「私の思い出」尾崎『自動車販売王』）。

内示会に招待された軍人や官僚をはじめ、バス・トラック業者は八百名余り、国産車に対する人気は上々であった。会場に展示されたトラックの価格は、工場渡し二千九百円であり、シボレー、フォードに比べても二百円安かった。赤字覚悟の価格設定について、神谷はつぎのように述べている。

国産車だからといって愛国心に訴えて買ってもらおうという考えでは大きな発展は望めない。まず、出来るだけ安く市場に提供することによって需要を呼び起こす。需要が多くなれば大量生産が可能になるから、やがて採算点に達する。それが自動車の価格政策の基本である（神谷「私の履歴書」）。

そのために、神谷がまず手を付けなければならなかったのは、販売店網の整備であった。当時、外国車販売店は、未知数の国産車に不安をもち、その販売店になるための壁は低くはなかった。そこで神谷は、喜一郎の考えに共鳴し、自分を信頼してくれる人々の説得から始めた。神谷自身が、販売店網を設定するにあたっての考えを述べているので、つぎにそれをみてみよう。

もともと、わたくしは、過去の経験によって販売店を新設する場合にはできるだけ経験者を活用するようにしている。もし、これら経験者が販売設備等はもっているが、販売の資金にこと欠いているような場合には、わたくしは新しい資本家をさがし出してこれに参加させ、こうして、その販売店を強化するといったやり方をとって来た。というのはこれら、自動車販売の経験のある人々は自動車販売の特異性や自動車そのものに対する十分な知識をもっているからである。これに反して、販売店を新設する場合に、資本家のみを見い出したとしても、やはり販売経験者、ならびに修理技術者あるいは部品の専門家を雇い入れなければならないばかりかこの資本家、つまり経営者に自動車の自の字から説明してゆかねばならない。しかもこれはなかなかむずかしいことであり、恐らく4〜5年はかかるであろう。このようなわけでわたくしは、当時、外車の販売を盛んにやっていたゼネラル・モータースやフォードの販売店をトヨタの陣営に転向させるか、すくなくともトヨタに協力させることがいちばん犠牲の少（な―筆者補足）い発展策だと考えた（神谷「トヨタ車の販売を担当して」尾崎『自動車販売王』）。

また、神谷は外車販売店の引き抜きに関して、つぎのような自信もみせた。

わたくしの経験とこれまで日本ゼネラル・モータース株式会社の販売店の人々からよせられたわたくしに対する信頼等から考えても、わたくしが、誠意をつくし、身をもって難局にあたれば、きっと優秀な自動車販売の経験者である数多くの外社系代理店をトヨタの販売陣に引き込むことができるだろうし、また、最初は、多少製品の質がおちても、販売店のサービスによってこれをカバーしてゆけば、必ず、他の有力な人々もしだいにわれわれのもとに参加するようになり、将来必ず強力な販売組織をつくることができるであろうと考えた（トヨタ自工編『トヨタ自動車20年史』）。

とりあえず、神谷は、日本ＧＭ時代に懇意にしていた販売店である名古屋の日の出モータース支配人である山口昇を説得し、豊田の販売店への転向を求めた。当時、短期間でつぶれるのが珍しくもなかったＧＭの中高級車販売店を、一九二九年から経営し続けたその実績を買ったのである。山口は、「国産自動車販売の試金石になってもらおう」という神谷の要請を快諾し、販売権を日本ＧＭに返上し、豊田の第一号販売店となった（愛知トヨタ編『愛知トヨタ25年史』）。一九三五年一一月末のことである。

一九三五年一二月の初め、地元名古屋で初めての豊田の国産車発表会が開かれた。先日までＧＭのマークが飾られていた日の出モータースのショールームには、二台のＧ１型トラックが展示された。国産車時代の幕開けを告げる光景に、詰めかけた人々は酔いしれた。しかし、会場の熱気とは裏腹に、刈谷の工場から展示会場である日の出モータースに展示車両を陸送する際、車両のもろさを知ることになった日の出関係者は、販売に大きな不安を抱いていた。神谷と山口は、顧客に迷惑をかけないように、アフターサービスを徹底し、国産車ユーザーの期待を裏切らないようにすることを販売政策の基本とすることを誓った。

名古屋での発表会が終わると、神谷は全国的な販売網の整備に着手した。神谷は、外資系企業が採用したフランチャイズ方式にもとづく地元資本によるトヨタ車専売店のネットワークづくりをめざした。ほかにも、輸入車販売店での併売の途や、直営販売店を展開していく途があったが、神谷は上に述べた方法に固執した。というのも、直営販売店の設置に関わる巨額の費用を豊田が捻出できるはずはなく、価格が外国車に比べて割高で、性能や品質に信頼がなかった国産車の販売に、併売という方法でも輸入車販売店がすぐに乗り出してくれるということが現実的には考えにくかったからである。また、より積極的な根拠としては、国産車の振興をめざして、地域との関係が深い地元資本を尊重し、地元資本と一体となって大衆車販売を全国的に展開するという点に、神谷は大きな意味を感じていた（トヨタ自販編『モータリゼーションとともに』）。

ただ、地元の資本と人材による販売店の設置に対して、社内からは疑問の声が上がった。「他人資本がどこまで協力してくれるか」「途中で放り出されたらどうするか」な

（出所）愛知トヨタ自動車社史編纂室編『愛知トヨタ25年史』1969年，100頁。

写真⑤　山口 昇

ど、もっともな疑問を前に、喜一郎の「販売店の設置については、神谷君に一任しよう」という一声で決まったという（神谷「私の履歴書」）。

しかし、既存の外車販売店を豊田に鞍替えさせることで販売網を整備していくという神谷の考えは、ことのほか難事であった。確かに、自動車販売業務の経験者を獲得し、効率的な販売網の構築につなげるという神谷の考えは理屈ではあったが、今日のように「トヨタ」ブランドが存在していたわけではなく、それどころか技術的にも外国車に劣る代物であった。ただ一つ神谷に幸いしたのは、外国車排除、国産車育成という客観情勢の変化であった。自動車を取り巻く状況の変化と神谷の熱意が、販売店の設置に結びついていった。この過程で神谷の生涯を貫く考えとなったのが、「販売店との共存共栄」である。

4　販売網づくりの苦闘

喜一郎の国産車構想、神谷が考えている販売方法、そして将来の見通しに対して信頼を寄せてくれる人々を核として、少しずつ販売店を増やしていくほかに残された途はなかった。神谷が意を注いだのは、前にみたように経験者を活用するということである。自動車販売の経験者は、その特異性を認識するとともに、自動車に関する十分な知識を有しており、そこに神谷は大きな意味を感じていた。最低のコストで最大の効果をあげるためにぜひとも必要とされたのが、フォードやＧＭの販売店をトヨタの販売店に転向、もしくは協力させることであった（神谷「トヨタ車の販売を担当して」尾崎『自動車販売王』）。

神谷は辛抱強くフォードやシボレーの販売店を説得した。彼は、日本GM時代の経験と縁故を利用して、フォードやGMの販売店のなかで、喜一郎の国産車確立という夢を共有し、その発展に寄与してくれそうな相手を探し求めた。

神谷の説得は、自分を信用して協力してほしいという何の裏づけもない単なる精神論に終始したわけではなく、販売店候補に対して当時の自動車産業をめぐる内外の情報をつぶさに提供した。軍部がリーダーシップをもつ自動車産業国産化の動きが、アメリカ車の排斥に向かっており、国産メーカーであるトヨタの将来性は明るいものであることや、喜一郎の合理的な自動車国産化構想などを説明して時代の趨勢を伝えたのである（トヨタ自販編『モータリゼーションとともに』）。アメリカの自動車会社に勤務した経験と、商工省や陸軍省に自動車産業に関する有識者として迎えられた神谷の話は、きわめて説得的であった。最初に神谷の説得に応じたのは、先にみた地元名古屋のGM販売店であった日の出モータースである。

日本GMの販売店からトヨタの販売店に転向した日の出モータースに限らず、日本GMの販売店は、日本GMに対して大きな不満をもっていた。それは、神谷自身が述べているように、単に販売店を売るための道具ぐらいにしか考えていないGMの姿勢に起因していた。したがって、「誘われた各地のディーラーは、GMの看板を掲げたままでトヨタ車の併売を引き受けたり、あるいはGMと完全に縁を切ってトヨタのディーラーに転向」したりするものが現れたのである（愛知トヨタ編『愛知トヨタ25年史』）。一九三六年一月には東京トヨタ販売と三重県の国産自動車が、四月には大阪トヨタ販売が、八月には関東トヨタ販売、静岡トヨタ販売、広島トヨタ販売が、一〇月には岐阜トヨタ販売がそれぞれ誕生した（神谷「トヨタ一年の販売陣」トヨタ自動車編『創造限りなく　トヨタ自動車50年史・資料集』）。

最後に、販売網づくりに腐心した神谷の言葉を聞いておこう。

外車はなやかな時代にあって、性能の劣る国産車を売りひろめることは容易ではなく、かつその販売網を組織するのも、なみたいていのことではなかった。しかし、販売網については、ゼネラル時代につちかわれた技法はずいぶんと役立ち、幸に有力な自動車販売店主の皆さんの信頼を得たので、こっそりとゼネラルの販売店がトヨタの販売を引き受けてくれたり、また、中にはゼネラルと縁を切ってトヨタ自動車の販売店に転向するなど、国産車が海のものか山のものか未知なうちにもこの神谷株を買う自動車販売店が多く出てきた。業者の意欲と相まって、私の熱意も買われだした（神谷「私の体験」尾崎『自動車販売王』）。

外資系傘下の販売店に対する神谷の従来の温情ある対応を彷彿とさせる回想である。

5 共存共栄

すでに述べたように、日本フォードや日本GMは、傘下の販売店に対して、きわめてビジネスライクな契約一辺倒の対応しかしなかった。両社は、販売店の金融の面倒や経営上の指導・助言を行うこともなく、その経営が苦しくなるとすぐに後継者や他の代理店を物色し始めるという対応に終始した。外資系企業の販売店への対応は、販売店が販売するための一つの道具に過ぎないという認識にもとづいていた。

このような外資系の姿勢に疑問を持ち、日本GM在勤中から同社と販売店の間に入って、利害の調整に尽力したのが神谷である。神谷は、販売店の設立や経営指導、需要予測、地域社会との折衝を行った。この経験を通じて、神谷は多くの業界人と面識をもち、販売店の指導、月賦金融の実情など、自動車マーケティングについての広範な知識を身に付けていった。

神谷は、日本人に対するアメリカ人社員の差別意識にもとづく情け容赦のない態度が、経営難に苦しむ販売店をさらなる窮地に追い込んでいることに疑問と反発を覚えていた。このような経験に加えて、初期のトヨタ車が品質面で外国車に劣り、アフターサービスでこれを補うほかないという事情が、神谷がつくったトヨタの販売店政策の内容に表れたのである。言い換えれば、メーカー、販売店、ユーザーの三者の利害を重視した神谷は、外資系の販売店政策が、長期的視点に立てば、むしろ日本における自動車流通販売を阻害する方向に向かっていることも理解していた。それは、神谷のつぎの発言からも窺われる。

元来、自動車と言うものは先ず第一に、これを使用する人々の利益になるものでなくてはならない。次にこれを販売するディーラーの利益にならなければならない。そして最後に、これを製造するメーカーが利益を収めるようにすると言うのが、最も合理的な段取りであると思っている（神谷「国産車販売二十年」尾崎『自動車販売王』）。

大量販売を前提とする自動車産業に乗り出したトヨタは、愛国心に訴えて国産車を買ってもらうのではなく、コスト割れ覚悟で外国車よりも安い価格で販売し、次第に生産台数を増加させていく方針をとった。神谷のこの考え方は、なによりもユーザーの満足を得なければ、大量生産と大量販売はなしえないことを看破したものである。それは、価格面に止まらずトヨタの営業政策全般に貫かれていった。創業以来、トヨタの販売店に対する姿勢は、神谷のつぎの言葉に表現されているとおりである。

国産車振興という大きな目標の達成は、地元資本である販売店の協力の上にはじめて成るものである。したがって販売店が途中でその目標を放棄したとすれば、われわれの望みもはかないものになる。つまり、販売店の繁栄のもとに生産者の繁栄があるはずだ。日本GMで経験したように、販売店を単に売るための道具ぐらいにしか考えていないのでは、心からの協力は得られない。われわれは、むしろ、販売店を運命共同体とみなし、血のかよった関係にしなければならない。日本GMの販売店がトヨタに転向した動機の一つに、地元資本の消長を意に介さない同社のやり方への反発があった。われわれは、これを他山の石とすべきである。販売店にもうけてもらうこと、すなわち共存共栄こそが、生産者と販売店の関係のあるべき姿である（神谷「私の履歴書」）。

6　販売店が支えた豊田車販売

ここで注意しておかなければならないことは、創業当時のトヨタには流通販売に関する知識と経験が不足し、そのうえ自動車の性能や品質に大きな問題があったことである。言い換えれば、日本GMの販売店が蓄積していた流通販売に対するノウハウを利用することで、トヨタに不足する資源を補完させる役割が販売店には期待されていた。先にも触れておいたように、それこそが神谷が日本GM販売店のトヨタ販売店への転向を進めた意図であった。発売したばかりのトヨタ車に頻発する故障や不具合を、販売店サイドの献身的なアフターサービスによってカバーしていたのである。

日の出モータースにとって、トヨタトラックの販売は簡単なことではなかった。発表当初の人気は、愛知県が生んだはじめての国産車に対する期待が大方であり、品質や性能に対する信頼から生まれたものではなかった。販売後に必ず起きるトラブルに対する対処を、まず織り込んでおくことが求められた。ひいては、トラブルになってもある程度我慢して、長い目で見守ってくれるユーザーを探すことから始める必要があった。当時のユーザーの多くは、個人のトラック運送業者であった。販売台数を稼ぐためにむやみに販売することを避けたためである（冷水『風雪の自動車販売』）。日の出モータースの販売方針について、山口はつぎのように述べた。

外車万能の市場に、それより性能の劣る車で割り込むのであるから、宣伝価値を考えてユーザーを選別しなければならない。無差別に売ったのでは、不平不満の声を押さえることができずに、逆効果になってしまうであろう。われわれのセールスポイントは、国産車であるということと、地元産業であるということの2つしかない。シボレーとフォードの長所をとったということは、いちおう宣伝にはなる。しかし、ひとたび車をスタートさせれば、性能のよしあしは、だれの目にも明らかになるだろう。したがって、最初のユーザーには、国産品なら多少の不便をしのんでも使ってくれる愛国心の強い人、地元産業を育てるためには、無条件に協力する郷土愛のある人、そういう人を選べば、故障しても同情心が先にたつであろう。とにかく、あとで苦情がでるような事態になっても、円満に話し合いのできる人を捜して売りたい。しかし、われわれはそれらユーザーの好意に甘えてはならぬ。故障が起きたら最善の方法で、最良のサービスをしなければならぬ。そのためには、サービスカーがただちに急行できる範囲内にユーザーを限定する必要もある（愛知トヨタ編

『愛知トヨタ25年史』)。

このように相手を厳選して販売しても、ユーザーからのクレームに日々途方に暮れる状況が続いた。日の出モータースのサービス部は、日本GMから豊田自動織機製作所に移った高橋益雄が部長を務めた。高橋はサービスカーをつくった。専任のサービスマンを乗せたサービスカーは、部品を積み込んで巡回した。皮肉なことに、サービスカーの外観はトヨタ車であったが、中身はシボレーであった。故障の多いトヨタ車では、サービスの役に立たなかったからである。当時、刈谷の豊田自動織機製作所には、故障続きのトヨタ車を徹底的に調査し、原因の究明と改良個所の発見に努める喜一郎の姿があった。一年間に改良した箇所が八百箇所を超えたという(同前)。

7　運命共同体へ

日本フォード、日本GMは、自社のマーケティング政策を傘下の販売店に忠実に実行させる一方で、販売店の資金繰りが悪化して経営難に陥ると、すぐにフランチャイズ権を剥奪するという姿勢に終始した。それが直販でも代理店経由でもなく、フランチャイズ・ディーラーを利用するメリットでもあった。メーカーの政策を販売店に忠実に実行させるとともに、他方ではメーカーが経営上のリスクをとらない都合の良い手法であった。

しかし、アメリカ自動車産業の初期の経験を経てつくりあげられた、そのようなメーカーと販売店とのビジネスライクな取引関係は、異なる商慣習をもち、草創期にあったわが国の自動車産業には適合しにくい側面があった。つまり、アメリカ車メーカーの販売店に対する高圧的な対応は、販売店の積極的な協力を得にくいという大きな問題を孕んでいたのである。

その問題に日本ＧＭ時代から腐心し、可能な限り販売店に便宜をはかってきた神谷は、トヨタに移籍した後、トヨタの販売店政策に温情的な側面を持ち込んだ。販売の重要性を認識していた喜一郎も、「販売店の会議には好んで出席して使用者の声を聞き、販売店の経済的内容を聞いた。資金の苦しいところがあれば、直ちに販売部に命じて対策を考えさせた」（尾崎『豊田喜一郎氏』）。

他方、外国車の排斥と国産車の育成という時代の趨勢にしたがって、取引関係に大きな不安と不満を抱いていた販売店は、アメリカ車メーカーとの契約を解消してトヨタの販売店に転向し、アメリカ車販売で培った経験とノウハウを活用して、トヨタの流通販売体制の構築に寄与した。

ただ、神谷は日本ＧＭでの経験について、批判的な感想だけを漏らしているわけではなく、そこから学んだ点についても、つぎのように冷静に評価を下している。

私はそこ（日本ＧＭ―筆者）に勤務していたおかげで、多くの自動車人との面識を深め、販売店指導のあり方、販売店管理の手法、月賦金融の実情など、自動車マーケティングに関するいろいろな知識や方法を身につけることができました。この経験はトヨタの販売政策に生かされていります

（「戦後産業史への証言（上）」）。

これまで述べてきたように、トヨタとその傘下販売店は、相互に資源を補完しつつ国産大衆車の普及に寄与する関係を築き、メーカーが傘下販売店を抑圧するという従来の関係に大きな転換をもたらした。その意味で、トヨタとその傘下販売店との関係は、日本自動車産業におけるメーカーと販売店との関係に新しい地平を開いたといえよう。

日本政府は、戦前の日本市場を席巻した外資系自動車会社を国産車確立の大きな障害として認識した。そして、産業を保護し育成するためにさまざまな施策を実行に移したが、何よりも国産大衆車企業の設立とその経営的成功が国産車確立の必要条件であった。時を同じくして設立されたトヨタは、したたかに政府の施策を利用しつつも、生産にのみ目を奪われることなく販売にも大きな関心を払い、流通販売の仕組みが軌道に乗ることがなければ、生産も立ち行かないことを認識した。そのようなトヨタの認識が、第二次世界大戦をはさんで販売店との運命共同体的な関係をつくり出す素地になったことは特筆すべきことである。

第3章　統制強化に抗って

1　自動車部門の分離独立

一九三六（昭和一一）年五月、「自動車製造事業法」が制定された。自動車製造事業は政府の許可制となり、国産大衆車を製造する許可会社には、税をはじめ各種の優遇措置が設けられた。他方、外資系会社には、生産台数の制限も加えられ、あからさまに国産車の自給体制の確立が追求されることになった。豊田自動織機製作所は、同年九月、許可会社第一号に指定されている。国産車確立への豊田への期待は、一層大きくなっていった。

これと前後して、四月には、A1型乗用車の量産型であるAA型の生産が始まり、第一回の販売店協議会が開催されている。ようやく乗用車生産に乗り出したばかりの豊田が、販売店経営者を集めて、同社の生産に関わる方針を説明した。豊田喜一郎という技術者経営者が、当初からいかに販売の重要性について認識していたかを示す事実である。

一九三七年八月、名古屋市西区の豊田紡織株式会社内でトヨタ自動車工業株式会社の創立総会が開催された。その後の取締役会で社長に喜一郎の妹婿である豊田利三郎、副社長に喜一郎が選任された。事実上の最高責任者は、喜一郎であった。自動車事業は、豊田自動織機製作所から分離独立したのである。

この時、神谷正太郎は、取締役販売部長の要職に就いた。神谷は、販売部を単なる営業部にしないように古巣の日本GMの組織を参考にした。販売部は、配車係、広告宣伝係、拡張係、販売総務係、調査係、サービス係、部品係の七つの部門で構成され、マーケティング機能別に編成された。神谷は、早い段階から販売をトータル・マーケティング機能という意味に捉えていた。

いっぽう、神谷の進言を入れた喜一郎は、トヨタ自工の設立に先立って、一九三六年一〇月、トヨタ金融株式会社を設立した。すでに一九二九年に日本フォード金融、日本GM金融がそれぞれ設立され、月賦販売による潜在的な需要開拓が進められていたからである。

トヨタが大量生産と大量販売の仕組みを整備し、生産台数を年間一万台に乗せた頃、戦争の足音はすぐ近くに迫っていた。一九三七年の日中戦争の勃発以降、戦時統制は生産と販売の両面で次第に強まり、一九三八年八月には乗用車生産は実質的に禁止され、翌一九三九年五月には乗用車販売は商工大臣の承認が必要とされた。一〇月には販売価格が統制された。一九四〇年になると、八月に大型トラック、バス、一一月に小型トラックがそれぞれ配給制となり、生産のみならず販売も全面的な統制下に入った。戦時統制の進展は、自由な生産と販売に大きな制約を加えていった。

2　戦時統制の進展

一九四一年一二月、重要産業団体令にもとづいて、自動車統制会が発足した。自動車統制会は、トヨタ、日産をはじめ完成車、特殊軍用車、部品メーカーあわせて六社を会員として、会長には軍部出身の鈴木重康ヂーゼル自動車工業（ヂーゼル自工）社長が職を辞して就任した。自動車統制会は、自動車と部品の製造から流通にいたる統制を行うことを使命とした。そのため発足直後から自動車・部品の配給機構を編成する策を検討し、結果として、一九四二年七月、自動車統制会翼下に日本自動車配給株式会社（日配）が設立された。同社の役割は、中央における一手買取りと配給であった。表3—1に示したように、社長には、日産出身で自動車統制会理事・配給部長の朝倉毎人が、常務取締役には神谷正太郎がそれぞれ就任した。また、各県には日配の下部組織として、自動車配給会社（自配）が設立されることになった。その結果、各県別に、各メーカーの系列販売店は自配に統合することを余儀なくされたのである。

各県別に生まれた自配は、トヨタと日産系販売店がそれぞれ三、ヂーゼル系販売店と部品商がそれぞれ二の割合で資本を負担した。自動車統制会の傘下に位置する日配と自配は、メーカーが直接軍部に納車した残りの自動車を民間ユーザーに配給する役割を担った。

この時の心境を神谷はつぎのように述懐している。

もはや、自由競争原理にもとづく販売は望むべくもなかった。わたくしは、切歯扼腕したが、もとより、いかんともしがたい。わたくし自身、日配の常務取締役車両部長への転出を余儀なくされてしまったのである（神谷「私の履歴書」）。

もちろん、メーカー、販売店ともに、各県の自社系列販売店が呉越同舟となる自配への合同に参加することには賛成ではなかった。しかし、時局の要請に抗えるべくもなく、将来に期待する思いのもとに国策に一時的に協力した。

ここで、当時の配給の仕組みについてみておくことにしよう。自動車の購入に際しては、購入希望者は県警察保安課に「使用許可申請書」を提出（各地の自配が代行）し、県は購入希望者の緊急必要度を調査検討のうえ、中央の鉄道省管理局の稟議に付した。鉄道省は四半期ごとに割当委員会で検討し、購入者を決定した。割当委員会は購入者名

表 3-1　日本自動車配給発足時（1942 年）の役員

役職名	氏　名
取締役社長	朝倉毎人（統制会理事，配給部長）
常務取締役	神谷正太郎（トヨタ自動車工業取締役）
同	芦田定次郎（日産自動車）
同	梶谷嘉一（ヂーゼル自動車工業）
取締役	大来修治（日本自動車部品工業組合）
同	柳田諒三（全国自動車部分品工業組合連合会協力者）
同	舞傳男（全国貨物自動車運送事業組合連合会）
監査役	豊田喜一郎（トヨタ自動車工業取締役社長）
同	浅原源七（日産自動車取締役社長）
同	林桂（ヂーゼル自動車工業取締役社長）

（出所）愛知トヨタ自動車社史編纂室編『愛知トヨタ 25 年史』1969 年，138 頁。

を鉄道省を通じて各県に回答するとともに、日配にも通達した。日配は各自配に配車の手配を行い、購入者は自配から受け取ることになっていた。購入希望者が申請を出してから配給を受けるまで長い時間を必要とした。なお、購入希望車種を申し出ることは認められてはいたが、輸送の合理化を期して愛知県（トヨタ工場所在地）以西はトヨタ車、神奈川県（日産工場所在地）以東は日産車というように仕分けされていたため両社の製品の保有に偏りが生じていた。燃料不足のため、購入者はガソリン持参で配給車両の受け取りに行かなければならなかった。

自動車統制会は、商工省とともに生産から配給にいたる一元的統制を指向していた。しかし、右にみたように、配給については、陸上輸送体系の統制を管轄する鉄道省の支配のもとにあり、加えて自配も民間企業の寄り合い所帯で統制会の命令が徹底しないといううらみがあった。自動車統制会がめざす一元的統制には程遠かった。

そこで、商工省と自動車統制会は、自動車の配給に関する統制機構の簡素化を目的に、日配と自配の統合を指向した。時局の進展に伴って、軍部の陸上輸送に対する意向をより徹底させる意味で、日配と自配を統合し、自配を日配の地方支店化し、自動車統制会の統制方針が末端にまで徹底するようにという目論みであった。そして同時に、鉄道省の影響力を排すことを企図した。それが表面化したのは、一九四三年一〇月二七日、東京丸の内の自動車統制会第一会議室で開催された臨時配給委員会の席上であった。

自動車統制会が明らかにした「自動車及同部分品配給機構再整備要綱案文」は、一、日配が各地の自配を吸収合併して地方支店化する、二、部品卸売業者は日配に吸収し、小売業者は自配に吸収する、などを内容としており、各自配の大きな反発を呼んだ。

3　存在意義をかけて

商工省・自動車統制会側から提起された再整備要綱案に対して、自配側は意見書を提示して徹底的に反対する行動に出た。各メーカーの系列販売店の寄り合い所帯であった自配には、いまだ民間企業色が色濃く残り、戦後には再度かつてのメーカー系列販売店に復帰することを企図しており、さらには現場の輸送力を支えているのは運輸業者とともに車両・部品確保とメンテナンスに全力をあげている自配であるという存在意義をかけての抵抗であった。

自動車統制会側の再整備要綱案と、それに対する自配側の「自動車配給機構整備に関する意見書」（一九四三年一一月）に関する詳細な検討については、別の機会に行った（四宮『自動車流通の経営史』）。したがって、ここでは本書の課題に即して、自配側の抵抗運動のなかで、神谷はどのような役割を果たしていたのかについて詳らかにしたい。

結論を先回りして述べておけば、神谷は抵抗運動の影の立役者として大きな影響力をもっていたということである。再整備要綱案が提起されるや、時を置かず意見書を軸に抵抗運動を始めることが可能であったのは、すでに再整備要綱案が提起される前にその情報が自配側に知らされていたからであった。日配の常務取締役として、配給統制の責任を負っていた神谷は、自由販売時代の再来を期して、販売店の経営権の喪失がこれ以上進むことに我慢ならなかった。そこで神谷は、知りえた日配の自配吸収案についての情報を、いちはやく自配側に流したのである。

統制経済が進むなかでも、自由販売の砦を守り抜こうという神谷のこうした態度について、日配社長・朝倉毎人は「自由主義時代ノ思想アリテ統制上遺憾」という感想を漏らしている（阿部ほか編『朝倉日記』第5巻）。

神谷が仕掛けた自由販売の砦を守ろうとする動きは、各地の自配の団結と抵抗を引き起こし、自動車行政をめぐる官庁間の縄張り争いもあって、結果的には民間企業の精神を残す自配の日配への吸収は避けられた。神谷がとった行動は、戦後のメーカー系列別販売の復興に結びついていくことになる（四宮『自動車流通の経営史』）。

こうした事情について、神谷はつぎのように述懐した。

日配でのわたくしの仕事は、車両集配の最高責任をもつことであった。当然のことながら物資が極度に不足していたから、集配には大変苦労したが、その間、各自配の優秀な人材と面識をもち、理解し合う機会をもち得たことは幸運であった。戦後、自配が解散して再メーカー系列別に販売網を編成するにあたって、わたくしがきわめて有利な立場に立つことができ、それが、トヨタの強力な販売体制を築き上げ得た一つの要素となったからである（神谷「私の履歴書」）。

第4章　先手必勝

1　自動車協議会の結成

戦後、トヨタ自動車工業社長で自動車統制会顧問でもあった豊田喜一郎の働きかけに応じて、自動車統制会のなかに火曜会が設立された。毎週火曜日に開催された同会は、日産、ヂーゼル自工の代表者らと継続的な情報交換を行って、戦時期の自動車統制会を民主的かつ自主的な組織に改組し、GHQに自動車工業の本格的な再開を陳情することを目的に活動した。

そして、一九四五（昭和二〇）年一一月、同会が中心になって統制会に代わる自動車統轄団体として自動車協議会が設立された。会長に喜一郎が、監事に山本惣治（日産）、弓削靖（ヂーゼル自工）、顧問に浅原源七（日産）がそれぞれ就任し、会員に自動車製造組合、日本自動車車体統制組合、全国自動車部品製造工業組合、自動車販売組合、自動車部品販売組合、全国自動車整備組合、日本小型自動車統制組合を擁した小型車を含む自動車、車体、部品の生産・販売、整備にわたる幅広い自主的統轄団体として誕生した。会長直属の審議会が設けられ、会長の諮問により業界の重要事項を審議する役割を果たした。

また、同協議会は機関誌として『自動車週報』を発刊し、同会の広報活動の一翼を担った。同誌の創刊号（一九四六年一月二二日）巻頭に掲載された喜一郎の論説「自動車協議会設立に際して」は、協議会の設立経緯、その機構と運営方針などについて説明したものである。戦後の自動車産業再建のリーダーシップを振るった喜一郎自身の手になる同論説は、政府の統制下にあった戦時期の自動車産業のあり方を反省し、自由と平等の原則に則って自主的な総合統制を企図して、将来は大クラブ制にまで発展していくことを想定している点を特徴としている。とりわけ、国民生活の安定、戦災の復興、平和産業の再建を支える自動車輸送力、総合工業としての特性を大きく考慮している点が興味深い。

一九四六年一月、自動車協議会の豊田会長、浅原顧問、内田慶三専務理事は、GHQを訪問して経済科学局反トラスト部長リバートに協議会の性格と運営について説明し、理解を求めた。この際の豊田会長とリバートのやり取りは、自動車協議会が自動車統制会の看板の架け替えではないのかというリバートの懸念を払拭するのに役立った。つまり、自動車協議会は民主的で自主的な統轄組織であることをリバートは理解したのである。

さらに、豊田会長一行は、経済科学局生産部を訪ね、自動車担当官のバンティング少佐と会談した。バンティングは、戦時期の軍の要望に沿って設計された自動車から、消費者のニーズに沿った自動車の生産に向かうように要望した（是間「ドキュメント戦後自動車販売史④〈第四話〉曙光」）。

いっぽう一九四五年一二月、トヨタ自工常務に就いた神谷正太郎は、自動車の販売統制撤廃に向けて動いている。彼は、GHQの産業顧問の立場でバンティングと接触し、説得工作を続けながら、トヨタ販売網の再編の準備に取りかかっていた（神谷「私の履歴書」）。

2　配給から販売へ

戦後、自動車統制会は機能停止し、日配は一九四五年一一月には解散を決議しており、戦時期の生産と配給に関わる統制は、自由販売を基礎にした仕組みに置き換えられなければならなかった。しかし、生産に必要な物資の不足によって生産量は過少であり、一挙に統制を撤廃することが新たな混乱を引き起こしかねない状況であった。そこで、自動車協議会は、商工省、運輸省と図り、「自動車及び部分品の配給機構並びに割当に関する暫定措置」を決定した。

（出所）日本経済新聞社編『私の履歴書—経済人15—』1981年，406頁。

写真⑥　バンティングと神谷

これは、戦後初の自動車に関する配給制

度案である。その要点は、①シャシーはメーカーから各自配へ流すものの、地方別割当については当分の間運輸省において指示する、②部分品のうちトヨタ、日産、ヂーゼル自工の製品は、直接各地の自配へ流す、③部分品の配給割当も運輸省が行うが、地方の配給計画は自配が主体となりユーザーと協議のうえ配給する、という三点に大きくまとめられる。それは、直接ユーザーと接する各自配の存在を重視する改革案であった。

この暫定案を受けて、一九四六年二月七日、リバートは配給すべき車両の不足がある以上、地方配給機関である自配は当分の間必要であり、車両生産の増加がなされたのちに自由競争にすべきで、その時はメーカーの系列別販売が望ましい、という見解を示した。このリバート談話の内容は、自動車協議会を通じて自動車販売組合に伝わった。そこで、自由販売と系列別販売の復活を望んでいた組合の理事長菊池武三郎、山口昇らは、二月一九日、千葉県船橋市の三田浜楽園で理事会を開催した。そこでは、①官庁は監督の立場に徹し、車両配分は自配に委ねるよう具申する、②全国の自配に関する資料をGHQに提出し、連絡折衝に資する、③重要業務の迅速な解決のため、理事会を毎月一五日頃東京で開催する、の三点が決められた。そして、この決定内容は、GHQ、商工省、運輸省へ報告された（是間、同前）。

その後、一九四六年半ばには、GHQが現行の配給機構の改革を指示し、運輸省もメーカー別販売店制への復活を決めた。そして、一九四六年六月七日、陸運監理局長名で全国地方庁宛に通達を発し、自由販売への道を開くことになった。

その通達は、つぎのようなものである。

自動車配給機構改善方に関する件

㈠　趣旨

国産自動車の配給に関しては、今後必然的に生起すべき外国車の輸入等にも鑑み、メーカーと販売店との連繋は一層円滑になることを要す。付いては下の要領に依り自動車配給機関を改組せんとす。

㈡　要領

① 地方配給機関の改善は従来の代理店制度の復活にあるが、自配の改組は原則として民間関係者の自由意思に依り容易なる地区より着手すること。

② 現在の自配を例えばニッサン、トヨタ、ヂーゼルの三社に分離するも差支えなきも地区、設備、人事、経営状況等を考慮し苟も不必要なる改正に堕せざること。

③ 新設した販売店は遅滞なく其の概要を陸運監理局に届出づること。

④ 新設の販売店は陸運監理局の承認を経たる上、地方配給委員会に参加すること。

（トヨタ自動車販売店協会編『トヨタ自動車販売店協会年史「30年の歩み」』）

この通達によって、戦時期に府県別におかれた一つの自動車配給会社を、メーカー別の販売店に分離独立させる意向が、運輸省によって明らかにされたのである。同時に、運輸省が発表した「自動車新車配給要綱」によれば、配給割当が中央と地方の二本立てとなり、地方配給委員会に販売店の参加が認められて、自由販売への布石が打たれた。

　このような動きを先取りする形で、一九四六年五月、岡山トヨタが設立され、その後トヨタ系と日産系で販売店の設立が相次いだ。

3　神谷の先見性

　玉音放送の衝撃が冷めやらぬ一九四五年八月一六日の早朝、愛知自配の山口昇のもとを訪ねてきたのは、神谷であった。カーキ色の国民服にゲートル巻といった一般の服装と違い、白い麻の上下の背広にパナマ帽といういでたちであった（是間「ドキュメント戦時自動車販売史第13回〈第七話〉終章」）。

　当時の気持ちを、神谷はつぎのように述べた。


　わたくしが、終戦とともに国民服を脱ぎ、タンスの奥から取り出した麻の背広に着替えたのも、決しておしゃれ心からではなく、そうした時期の到来の早からんことを願う気持ちからであった（神谷「私の履歴書」）。

山口を訪ねた神谷は、早速、戦後のトヨタの販売体制についてきりだした。

今、日本中の人が虚脱状態でぼんやりしている。こういう時こそ行動しなければいけないと思う。今後、日本の自動車工業がどうなるのか、明日のことはわからない。アメリカが日本に自動車生産を許すかどうか、トヨタの工場が接収されてしまうかどうか、今は何もわからない。しかし、わかってからでは遅い。私はアメリカは日本に自動車製造を許すと思う。そう信じて手をうとうと思っている。戦争が終った以上統制は解除され自由販売になる。そのときのために今トヨタの基礎を固めておきたい。それには優秀なディーラーをトヨタに引っぱりたい。山口さん、ぜひあなたの力を貸してください（是間、同前）。

先に述べたように、GHQのリバートが、戦時統制の手段として存在する自配の解散と、それに代わるメーカー系列別販売店制の構築を示唆してから、自動車協議会や自動車販売組合を中心に、メーカー別分離の機運が高まっていった。なかでも、自動車協議会会長でトヨタ自動車工業社長の豊田喜一郎は、神谷とともにいち早い戦後の販売店網の構築に腐心した。

一九四六年五月一八日、トヨタは、全国の自動車配給会社の代表者を挙母工場に招き、懇談会を催している。喜一郎は、「自動車工業の現状とトヨタ自動車の進路」について講演し、日本における自動車産業の将来性とトヨタの役割について説明した（和田編『豊田喜一郎文書集成』）。さらに、常務の神谷は、このとき「販売方針及び機構の考え方」と題して、トヨタの販売店政策について、つぎのように語っている。

戦争中自分の車が使用者に対していかなる迷惑をかけていたか、どんな苦情があるかは知る機会が少なかったのである。従ってまた戦争中、車両に対する進歩的な監査改良が戦前ほど行われなかったことは明らかなる事実であり、自動車業界のためにも由々しい事であると思う。アメリカの自動車が今日の進歩発達を来した原因には研究陣の充実その他色々のことが考えられるが、それと相まって車に対する一般需要家の体験から来たものと考えられる。自動車は改良なくして成立しないのであり、この見地からしても自動車の販売方針は必然的に生まれて来なくてはならないのである。即ち需要者あっての販売業者であり、販売業者あっての製造業者であり、多くのアメリカ製自動車販売方法が製造業者直結の組織を採っているのもこのためだと考えられる。アメリカの今日の発達迄にはそれぞれ永い間の貴重な体験を要したものであろうし、今我々がその体験を採入れることは寧ろ賢明な策であろうかと思う。我々は斯様な観点から終戦後の自動車販売方針を研究していたのであるが、関係方面でも大体賛成を得ているので当社として戦前の姿の如く当社と直結の販売店を設置したいと考える（傍線―筆者、「GHQの許可が得られそうな情勢を踏まえた発言」であると神谷は述べている（神谷「私の履歴書」））（トヨタ自動車販売店協会編『トヨタ自動車販売店協会年史「30年の歩み」』）。

この懇談会について、神谷は開催の意図と経緯について、後年つぎのように述べた。

「自配の解散も時間の問題であり、かつ、その時が販売体制強化の好機である。従って、それまでにわれわれの考え方を自配の人材に理解していただく機会をもつことが肝要である」というわたしの進言に喜一郎氏が同調、実現したものである（神谷「私の履歴書」）。

わたくしは、かねて地方自動車整備配給（自配）が解散するときこそ、強力な販売網を編成する絶好のチャンスであると考えていた。各自配には、旧トヨタ、日産系の販売店首脳をはじめ、各地の自動車販売の経験者が集結している。そして、自配は、いかなる特定メーカーの系列下にもないから、そうした有能な人材は、メーカーの立場から見れば、いわばフリーの存在である。これらの人材が、各系列にいったん戻ってしまえば、これをスカウトするのは道義上、問題がないわけではない。しかし、自配在籍中に相互に気脈を通じ、彼らをトヨタへ勧誘することは一向に差しつかえないはずだ。自動車の販売力の強弱が、そこに人を得るか否かによって左右されることは、過去の経験からはっきりしている。自配の解散がトヨタの販売網強化の好機であると考えたのは、こうした理由による（同前）。

戦前、フォードやGMが日本に導入し、トヨタが日本的な修正を加えながら定着に努力した排他的フランチャイズ契約にもとづくディーラー・システムの採用こそ、日本における自動車販売のあるべき姿であるという認識が、自動車販売の第一人者である神谷の口から販売関係者に伝えられたのである。

このことは、先にみたGHQや運輸省の意向とともに、自動車販売に関わる人々に大きな波紋を投げかける結果をもたらした。それは、一つには、系列別販売店制への復帰が、販売店経営を圧迫するのではないかという危惧である。系列別販売を支えるほどの販売台数を保証できない小規模マーケットのなかでは当然の危惧であった。もう一つには、トヨタ系、日産系のいずれに復帰するかという将来を展望した上での系列選択の問題である。しかし、時代の趨勢は、先にみたGHQの姿勢や運輸省の通達、そしてトヨタの意向などに導かれて、系列別販売へと動いていった。

一九四六年八月、名古屋で開催された自動車販売組合臨時総会において、メーカー別の系列販売店制への移行について審議が行われ、採決の結果、メーカー別分離への移行が決定した。これには、国産車育成のためにはメーカー間競争は必要であるという信念に従った理事長の菊池や山口の事前の説得工作が奏功したといわれる。菊池は、トヨタの第一号販売店の山口とトヨタ首脳、神谷、喜一郎との長年の交流を背景に、トヨタ側の国産車育成の考え方の基礎にある企業間競争に理解を示していた。

戦前、自配代表者有志でつくられた連絡機関である清和会に代わり、一九四四年に日産販売店出身で奈良自配の菊池を理事長、トヨタ販売店出身で愛知自配の山口を副理事長として、配給に関する関係官庁への折衝団体である自動車配給協議会（のちの自動車整備配給協議会）が結成された。戦後になると、ＧＨＱの民主化方針を受けて、たとえば「○○自動車整備配給株式会社」という自配の商号は、「○○県自動車販売株式会社」に変更した。これに伴い自動車整備配給協議会は、一九四五年一二月、自動車販売組合（菊池武三郎理事長）に改称した。この間、日配の自配吸収案を撤回させるために協力して活動した菊池と山口のつながりは強まるとともに、菊池は山口を通じて喜一郎と神谷の謦咳に接することとなった。日産系販売店の有力者である菊池は、メーカー別販売による競争こそが、国産車の発展につながることを確信していたのである（冷水『伝記　菊池武三郎』）。

先にみたように、神谷による自動車配給会社代表者を前にした戦後の販売店政策の説明は、単なる理想論を述べたものではなく、ＧＭ勤務時代の神谷の経験、トヨタに移籍した後の販売店政策の持つ有効性、そして配給統制時の行動に裏打ちされ、トヨタへの共感を強めるとともに説得力を持ちえたのである。

戦後の系列販売システムの再形成にとって、民間企業としての色彩を強く残し、企業家精神の灯をともし続けた自配の企業家たちの存在はきわめて大きかった。系列販売の再形成の過程で、着目すべきは日産に比してトヨタの販売網形成の迅速さである。それは、すでにみてきたように、①戦前から神谷が心掛けてきた販売店の立場を考慮したマーケティング政策、②喜一郎の販売に対する深い理解、③戦時期の配給機構一元化案の実施に抵抗した際に芽生えた販売店企業家の連帯意識、④配給機構一元化に対する反対運動において、販売店企業家が社会的な存在意義を明確化し共有化したこと（芦田「ミッションの共有によるシステムの創造」）、⑤清和会活動を通じて築きあげられた濃密な人間関係、などが大きく影響した。

トヨタと販売店との関係とは対照的に、日産と販売店との関係を示す高橋佐太郎のつぎの証言が残されている。

日産には一種の日産気質があって、全国の販売店の社長たちが、日産本社に集った場合など、鮎川会長はさながらヨーロッパの近世初期の絶対王政時代の王様のごとき態度でわれわれに接したものであった。会議が終わると販売店社長に〝謁見を差し許すから一列にお並び下さい〟などと秘書が叫ぶのである。そしてわれわれは一人一人順次会長室へ入って行って謁見を賜るのである。ディーラーとして、わたくしはこのやり方に到底納得できなかった（高橋『私の歩んだ五十年』）。

高橋は、戦前、日産の販売店を経営していたが、戦後、神谷からの誘いを受けてトヨタの販売店に鞍替えした。それは、喜一郎への敬慕の念があったからである。高橋は、喜一郎からかけられたつぎの言葉を覚えている。

いい車をつくりたい。トヨタはその事だけに日夜苦心しています。そのための技術についてはできるだけのことをやります。しかし、それだけではいけません。使った人の意見が聞きたい。

ディーラーの皆さんの力でユーザーの意見を詳しく知りたい。これがいいものをつくる基礎になります（高橋『草分け運転手』）。

国産車を一人前にするために、販売店からもたらされるユーザーからの情報を重視する喜一郎の姿勢は、販売店経営者の胸を打ったのである。

以上みてきたように、終戦後いち早く販売店網の再構築に乗り出したトヨタ自工は、技術者でありながら販売の重要性を理解する創業者喜一郎の存在と、神谷の販売店尊重の考え方が販売店主に好意的に受け止められ、各自配の有力者を引きつけた。

元トヨタの販売店はもとより、元日産系の有力者があいついでトヨタ系へ転向したことは、その後のトヨタの販売力の強化に大いに役立った。元日産系から転向したのは、菊池武三郎（奈良）、高橋佐太郎（岩手）、畠山慶吉（静岡）、品川忠蔵（富山）、架谷憲治（石川）、小泉俊英（愛知）などであり、特に、戦前、日産販売組合理事長、自配協議会専務理事を務め、戦後は自動車販売組合理事長を務めた菊池のトヨタへの転向は、他の元日産系販売店主に大きな影響を与えた。

石川の架谷は、トヨタへの転向についてつぎのように述べている。

わたくしは、北陸日産、石川自配を経て、戦後石川トヨタ自動車を興した。自配組織の崩壊にあたり、日産にもどるべきか、あるいはトヨタに移るべきか慎重に検討した。というのは、かねてより、トヨタの方が家庭的であり、政策にも一貫性があるということを聞いていたし、神谷社長が「石川に架谷あり」とわたくしを評価していただいていることをしっていたからである。そして、菊池さんの誘いや推薦もあって、トヨタ入りを決心したのだ。もちろん、現在でも、そのときの判断は正しかったと思っている（トヨタ自販編『モータリゼーションとともに』）。

日配時代から戦後の販売網の復活と再編にいたる経緯について、神谷はつぎのように語っている。

昭和17年7月、統制会社である日本自動車配給株式会社が設立されると同時に、わたくしは、トヨタを代表して、この会社の筆頭常務となり、また一方車両部長として、全自動車メーカーの生産車両の配給権を一手に握ることになった。

在任中、わたくしは、この配給会社の機構では、各メーカーが自力によって発展することはひじょうにむずかしいことを知った。

わたくしは、もともとこの種の統制には、まっ向から反対であったが、時の勢いで、各社と共同歩調をとらざるを得なかった。寄り合い世帯では、それぞれ製品に長所短所のあるものを、すべて平等に取り扱わねばならない。しかし、このことはたいへんむずかしい事である。また、仮りに、わたくしが、トヨタ車を優先的に伸ばそうと思っても、どうにもならない。わたくしは、実地にやって見て、こんなことでは自動車は発展しないとつくづく感じた。そこで、統制会社へは、わたくしの代りに、大西四郎君に出てもらって、わたくしは、再びトヨタへ帰り、もっぱらこの統制会社を改組するよう努力した。その結果、統制会社の自解作用が早められることになった。この間に、わたくしは、旧トヨタ系の優秀なる販売店や他社系販売店の優秀なものを集めた。こうして、統制会社解散と同時に、統制前にも増してきわめて有力な販売網の完備を見たのである。他のメーカーは、やむなく各県に、新しく販売店を設けるか、あるいはトヨタが残した販売店を伝承しなければならないという不利な立場に置かれた。今日のトヨタの強固な販売陣は、まさにその時に決定づけられたと見てもさしつかえないであろう。

このように、当時、わたくしは、如何にして販売網を立て直すべきかということについて、ひじょうに苦心をしたものである（トヨタ自工編『トヨタ自動車20年史』）。

これまでみてきたように、神谷は、戦時統制の時期から統制のもつ不合理に目を向け、その存在意義に疑問を投げかけるとともに、きたるべき戦後の自由競争時代にふさわしい自動車流通の仕組みづくりに着々と布石をうっていた。

販売網を整備していくにあたって、神谷はもともとのトヨタ系と旧日産系の人々との融和に心を砕いた。それについて、神谷はつぎのように述べている。

わたくしは、その（融和—筆者）方策として、旧日産系の人を販売組合（一九四八年五月設立のトヨタ自動車販売組合―筆者）の理事長に据えることを考えた。理事長に当然おさまるべき立場にあった山口昇氏をはじめ、トヨタ生え抜きの他の人たちも、この案に賛成してくれた。そして、旧日産系の菊池武三郎氏に初代理事長をお願いすることにした。こうした措置を通じて、全員に一致団結の重要性を認識してもらうことができた。そのため、この〝混成部隊〟は、何のトラブルもなく短時日の間に新しい〝純粋部隊〟に昇華しえたのである（神谷「私の履歴書」）。

第5章　一国一城の主へ

1　自動車生産の再開とトヨタ

戦後の資材不足やGHQの占領政策の下で、戦時中の軍需会社であった自動車メーカーは自由に生産を再開することはできなかったが、民需転換を条件として企業の存続は認められ、輸送難を緩和する目的でトラックの生産に限って許可されることになった。トヨタに許可が下りたのは、一九四五（昭和二〇）年一二月八日である。一九四七年六月三日には、GHQはすべてのメーカーで年間合計三〇〇〇台という限定付きで小型乗用車（一五〇〇cc以下）の生産を許可した。

一九四八年を境に、アメリカの対日占領政策は非軍事化から経済復興へと移行した。東西両陣営間の冷戦の深刻化を背景にした政策転換であった。経済復興の早期実現には、インフレの収束が不可欠であった。一九四九年二月、アメリカ公使として来日したドッジによる一連の措置（国家予算の均衡、補助金の削減、単一為替レートの設定など）が実施され、ドッジ・ラインと呼ばれた。ドッジ・ラインは、インフレの収束とは裏腹に深刻な不況を引き起こした。不況のなかで、自動車メーカーは、製品の販売減少と代金の回収難に見舞われた。鋼材の値上がりも大きかった。敗戦後のインフレ、物資の不足、各種の統制の下で借入金を増大させていた自動車メーカーは、ドッジ・ラインによる在庫増と売掛金増に苦しめられることになった。

トヨタ自工は、一九四九年一二月、二億円の年末資金の調達に失敗すれば倒産するという局面を迎える。この危機を救ったのは、日本銀行であった。名古屋支店長高梨壮夫は、トヨタ自工が三〇〇社を超す関連企業を抱え、中京地区の経済に大きな影響力を有している点を考慮して、同社に対する融資の斡旋に乗り出した。これにより、帝国銀行と東海銀行の二行を幹事とする二四行の協調融資が実現し、トヨタ自工の倒産の危機は去ったのである。ただし、この協調融資には、トヨタ自工の抜本的再建計画を検討することが付帯条件として付けられていた。

一九五〇年一月、日銀名古屋支店を中心にトヨタ自工の再建案が検討された結果、販売会社の分離独立を中心とする案が示された。

日本銀行名古屋支店のトヨタ自動車工業再建構想骨子をみると、つぎのようになっている。

① 販売会社を分離独立させること。

(イ) トヨタ自工振出しの為替手形を、新設の販売会社が引き受ける。日本銀行はこの手形を商業手形とみなし、かつ日銀再割引適格手形とする。

(ロ) 販売会社は、サイト約二カ月の約束手形により車両を販売店に卸す。販売店は月賦販売し、買主から受け取った月賦手形を販売会社に裏書譲渡する。販売会社はこれを見返り担保として、単名手形により銀行から借り入れを行う。なお日本銀行はこの単名手形を担保適格手形とみなす。

②　販売会社が売れるという台数だけを生産する。

③　企業再建資金の所要額は四億円とする。

④　過剰とみなされる人員は必ず整理する。

（「戦後産業史への証言（上）」）

つまり、銀行団側からすれば、生産と販売を分離して、融資資金の使途を明確にすることを求めたのである。デフレ下の一般の資金事情が悪化し、月賦期間は長期化して売掛金の回収は遅れ、不渡りも重なって銀行借入金の増加に苦しんだ経験を教訓に、銀行団側はトヨタ自工に対して経営の抜本的な改革を要請した。

ただ幸いなことに、トヨタ自工はすでに三度、工販分離を検討したことがあり、研究の成果はあがっていた。トヨタ側を代表して銀行団との折衝に臨んだ常務取締役の神谷正太郎は、つぎのように述べている。

わたくしは販売会社の分離独立にはもともと積極的であった。ただ、銀行団が、主として金融機能を販売会社に期待していたのに対し、わたくしは、いまで言うマーケティング全般を推進する機能を販売会社にもたせたいと考えていた。事実、トヨタ自工はそれまでにも再三にわたって、そうした機能をもつ販売会社の設立を検討したことがあった。統制会社である日本自動車配給が解散される直前の二十一年六月、二十二年四月、及び二十三年五月、の三回である。これらは、いずれも流動するGHQの経済政策のまえに去就を決しかねて結局は見送らざるを得なかったが、そうした検討を通じて販売部門の分離独立についての研究成果はあがっていた。

こうしたことから、わたくしは、銀行団との折衝に当たって、かなり主体的に発言し、行動することができた。当社（トヨタ自販―筆者）設立の動機が、直接的にはトヨタ自工再建策の一環として金融機関からなされた提案であったにもかかわらず、トヨタの主体性が発露されていると言われるゆえんである（神谷「私の履歴書」）。

トヨタ自工は、戦後、日配が解散される動きに対応して、その配給業務を分離独立してトヨタ販売株式会社を設立する構想をもっていたが、一九四六年八月に特別経理会社に指定され、一〇月には企業再建整備法にもとづく整備計画の検討も迫られるなかで、構想の実現は延び延びになっていた。一九四八年一月には、トヨタ自工が過度経済力集中排除法の適用を受け、これを受けて販売会社の分離独立案も作成されたが、一九四九年一月の指定解除により、同案も流れることになった。こうして幾度となく検討されたのが販売会社の設立であった。

2　工販分離の実現

最終的に日本銀行の承認を得て、販売会社の分離独立が決定した。一九五〇年二月五日、ほぼ二年ぶりに労使交渉を行う経営協議会の場に姿を見せた豊田喜一郎社長は、金融難を打開するために、月賦資金を確保する意味で販売会社を設立する旨の事情説明を行った（トヨタ自動車編『創造限りなく』）。

ここで、当時の自動車産業を取り巻く環境について理解するために、販売会社設立時の目的を、公正取引委員会に提出された報告書『販売会社設立の沿革の大要』にみておこう。

わが国の自動車工業は戦前戦後を通じ久しきにわたって国家的統制経済下に規制されてきたが、最近統制の枠がはずされ、自由経済に入るに従い、ようやく企業経営上の幾多の矛盾と困難が発見せられ、就中昨春のドッジ・ラインの実施以後、一般経済界は低迷期に入り、自動車産業においても、事業家の金づまりにより、現金購買力は著しく減り、売掛金回収の不良、滞貨の増大と相俟って、自動車メーカーは、いずれも甚しい経営困難に突入するにいたった。

トヨタ自動車工業株式会社もこの一般的情勢の例外たり得ず、その経営上並に販売上、根本的な打開策を樹立する必要に迫られてきたものであるが、その販売上の根本対策として挙げられる最も重要にして緊急を要するものは、月賦販売制度の確立である。

即ち、元来、自動車は一つの生産設備とみるべきであり、需要家は、これが稼働により、収益をはかるものである以上、老朽車に代えて新車を購入することの採算上有利なるは言をまたない。しかるに需要家としては、資金難のためにやむを得ず新車購入を控えざるを得ず、または業務上の必要により、一旦購入しても、この多額なる車両代金を一時に支払い得ないのが実情である。その困難を打開し、需要家の要望に応ずる唯一の道は、月賦販売制度の実施であり、これは敢て米国に例をとるまでもなく、わが国においても戦前一部おこなわれていたところである。この制度の確立こそ、わが国自動車業界発展の要因たることは、今や常識とさえ考えられるに至った。

しかるに、この月賦販売制度には、巨額の運転資金を必要とするのであるが、従来、製造販売を併せ行なってきた自動車メーカーには到底この膨大な資金の調達は至難であり、ここに製造部門とは別個に、自動車販売を直接事業とする販売会社を設置し、以て製造金融と販売金融とを区別し、月賦資金は専ら、この販売会社をして調達せしめんとするものである（トヨタ自販編『モータリゼーションとともに』）。

この報告書が教えてくれるのは、いまだモータリゼーションを迎える以前、自動車が生産財としての位置づけにあったこと、生産資金と販売資金の分離が必要なこと、月賦販売制度の確立が必要なこと、の三点であろう。とりわけ、自動車産業にとっての販売金融の重要性を窺い知ることができる。

経営協議会において組合の理解を得たうえで、一九五〇年四月三日、トヨタ自動車販売の設立登記は完了した。同社の資本金は八〇〇〇万円、取締役社長には銀行団の推薦を受けた神谷が就任し、ほかには常務取締役に大西四郎、取締役に花崎鹿之助、監査役に九里検一郎がそれぞれ就任した。トヨタ自工から販売会社が分離独立し、売れる分だけ生産する体制はできたものの、トヨタ自工では、新たな会社再建案の提示を契機に労働争議が発生し、自販の営業は七月までずれ込んだ。再建案に含まれた人員整理の問題を契機に、自販設立から三週間後の二四日に発生した争議は、創業者豊田喜一郎社長の引責辞任を境におよそ二か月後に終結した。

人員整理には踏み込まないという喜一郎の約束は反故にされた。高血圧の持病で体調の悪化に苦しんでいた喜一郎は、トヨタ自工の組合員に対し、「『わしは不本意だが、人員整理をしない限り、会社は生き残れない。わしも責任をとって辞める』と涙ながらに語り、トヨタを去った」(豊田『決断』)。

争議のなかでの自工社内の雰囲気を伝えるエピソードを、『豊田喜一郎伝』のなかから紹介しておこう。

組合側の代表者二人は、会社側から解雇通告が出されたあと、対策を考えて喜一郎邸を訪ねる決心を固める。現在から見れば、争議の真っ最中に組合側の代表者が経営責任者である喜一郎に会って、解雇通告の撤回を願いに行くのは不自然に思える。しかも、そのとき喜一郎邸に向かうという彼らに、会社側は社用の車まで用意したという。それを、まったく違和感なく受け入れる雰囲気が、当時の会社側と労働組合にはあったのである（由井・和田『豊田喜一郎伝』）。

一九五〇年六月、喜一郎はトヨタ自動車工業の社長を辞任して、争議は終結した。自らが精魂を傾けてきた自動車事業から、喜一郎は離れることになったのである。争議の指導者は、この喜一郎の辞任ほど衝撃を受けたことはなかったという。争議を指導していた人物たちにとっても、トヨタ自動車工業は喜一郎の会社そのものだったからである。生活防衛のために、立ち上がった組合側にしても、喜一郎個人に対しては敬愛の情を持っていた。そうでなければ、のちに彼の銅像がトヨタ自動車の本社事務所前に建立されることもなかったであろう（同前）。

人員整理に踏み込まざるを得なかった喜一郎を思いやる神谷は、「やむを得ざる事態であったとはいえ、人情家の喜一郎氏の胸の内は察するに余りあった」と述べた（神谷「私の履歴書」）。

ところで、トヨタ自販の設立は、思いのほか難産であった。トヨタ自工は制限会社に指定されており、他社株式の保有は許されず、役員・従業員は他社の役員・従業員になることが禁止されていた。つまり、自工の出資で自販をつくることはできなかった。自販の役員になるためには自工を退職すればよいが、資金問題が最後まで難題であった。結果的に採用されたのは、神谷以下、新会社である自販の役員と従業員が、個人の資格で出資するという方法であった。東京海上火災をはじめとする金融機関からの借入などを通じて資金を手当てし、ようやく集まったのが八〇〇〇万円であった（トヨタ自販編『トヨタ自動車販売株式会社の歩み』)。個人の資格で借入に奔走する神谷の自販に賭ける思いを知ることができる。かつて、自らの将来を見据えて神谷商事を設立したほど独立心旺盛な神谷が、新たな活躍の場をトヨタ自販に求めたのであった。

後年、神谷は、資金調達時の苦労をつぎのように述懐している。

なんとか1億円集めたいと思い、足を棒にして八方頼んで歩いたがどうしても集まらず、やむなく8000万円で発足することにした。年間売上高1兆円を目標とするまでに成長した今日、1億円が集められなかった当時を思うとまさに感無量である（トヨタ自販編『モータリゼーションとともに』)。

トヨタ自販は、トヨタ自工から販売部の在籍者を中心に従業員三五三人を引き継いだ。また、トヨタ自工と販売店が締結していた特約販売契約をトヨタ自販との契約に変更した。トヨタ自販は、その事業目的を、①自動車及び自動車部品の販売、②損害保険代理業務、③前各項に付帯するいっさいの業務とし、この目的を遂行するためつぎの方針を定めた。それは、①独自の主体性をもち、メーカー、販売店のいずれの側にも偏らず、販売促進の立場から活動する、②車両販売手数料はトヨタ自工販売部として必要とした販売経費に相当する程度にとどめる、③当社独自の収益力をつける、④販売店との連携を密にし、共存共栄をはかる、⑤月賦金融、保険制度のほか、新しい販売手法を研究し、積極的に潜在需要の開発をはかる、の五点である（同前）。なかでも、「新しい販売手法を研究し、積極的に潜在需要の開発をはかる」という方針は、同社のその後の方向性を端的に示している。

それは、神谷がかねてからめざしてきたトータル・マーケティング機能を、新たに設立された販売会社に期待し、積極的に市場を創造していくことにほかならない。ようやく本格的に神谷の構想を実現できる環境が整ったということができよう。また、「独自の主体性をもち……」という表現が意味するのは、トヨタ自工の傘下に甘んじることはないという神谷の独立心の表れであったと思われる。

トヨタ自工の争議の終結を待って営業を始めたトヨタ自販ではあったが、自工が制限会社に指定されていたこともあって、自工から必要な資産の譲り受けはできず、従業員の移籍、商標使用権、従来の販売部が使用していた場所での営業権のみを引き継いでの船出であった。

トヨタ自販の設立は、販売店側からも好感をもって受け入れられた。愛知トヨタの山口昇の言葉に目を向けよう。

従来からの「自工」の自主的生産から、毎月生産数量を限定して、「自販」の買取りになったことは、いわゆる市場の要望する生産にだんだん移行するようになるものとの見解から、われわれ販売店側の好評するところであった。これはまさしくトヨタ自動車工業史上の変革であり、「自販」設立の影響による特徴であったといえよう（トヨタ自販編『トヨタ自動車販売株式会社の歩み』）。

3　月賦販売制度の確立

トヨタ自販は、その設立の目的であった販売資金確保と自工における製品の即時換金化の実現に向かって、月賦販売制度の確立を急いだ。月賦販売の実施にあたっては、供給側の資金調達力もしくは月賦金融機関の存在と消費者の信用力が不可欠である。しかし、トヨタ自販設立時の社会的な資金不足は、これを許さなかった。銀行による消費者金融の余裕はなかった。

企業の信用力による資金調達は限界を迎え、トヨタは新たな金融の手段を模索した。トヨタ自販が、自らトヨタ方式と呼ぶ月賦販売資金の調達方式は、一九四九年末のトヨタ自工の資金繰りの危機から生み出された窮余の策であった。日銀名古屋支店の斡旋によって実施された協調融資の担保としてトヨタ自工が差し入れ、銀行側が渋々承諾したのは、ユーザー振出しの月賦手形であった。

資金調達力が企業の資産内容や担保力によって規定されていた当時、商品そのものに担保力を付加する方法として、ユーザー振出しの月賦手形に担保力を付加する方法が考案されたのであった。この方法が可能となれば、増販につれて資金調達力の増強も可能となることになる。これが、商品そのものを裏付けとした新しい金融ルートであるトヨタ方式と呼ばれるものである。

一九五〇年四月一三日の記者会見で、神谷はこの方式の意義についてつぎのように語った。

自動車販売界の金融難については政府もまた傍観していたわけではない。通産省の日銀折衝案では約10億円の融資が日銀斡旋のかたちで実施されたのも以上の金融対策の現われである。しかしながら折角の日銀斡旋案も直接的には地方販売店の実質的な資産内容が地方銀行に評価担保せられた上で融資の道が開ける仕組みであったから、自動車を販売する上での自動車自体を担保とする最も効果的かつ理想的金融対策であったとはいいがたい。つまり自動車の販売金融には外国、または戦前の日本で経験したような自動車販売金融または月賦販売金融が制度として必要なのであり、この制度的な解決のない限り自動車産業の金融に関する根本的な解決は望み得ないわけである。（中略）

自動車の月賦販売は需要家の希望が理想的な条件において満足される事が前提的な問題であるが、資金統制の継続されている現状では融資金額にも一定の条件があるばかりでなく、戦前においてトヨタ自動車やフォードおよびGMが採用したような金融会社の設立も不可能なので、これを許された最大限度に解決していくほかはないのである。このたび、トヨタ新販売会社（当社）が開始する月賦販売制度は戦後に経験した他の一般的な販売金融対策等に比較して確かに未踏の境地を開拓したものであって、それだけに自動車需要家に対する貢献は顕著なものであろうと思われる。そしてこれらの制度が機縁となって自動車月賦販売制度自体が改善されるばかりでなく、一般的にも普及促進されるならば日本の自動車の発展のためにいっそう好結果を招来することは確実である。

この意味ではトヨタ自動車の月賦制度は戦後の自動車販売界ならびに金融界に投ぜられた一つの試金石であるとしても過言ではなく、この運用の成否は大きく自動車産業界の発展成否にも影響をもってくるであろう。したがってトヨタ新販売会社としては金融機関の期待を裏付ける意味でも、あるいはまた自動車産業発展のためにもこの制度の確立に慎重を期している所以である（トヨタ自販編『モータリゼーションとともに』）。

トヨタ自販の設立と前後して、いわゆるトヨタ方式の月賦販売資金ルートの制度化に自動車産業の発展を重ねる神谷の思いのあふれる発言であった。

神谷は、日本GM時代の経験から大衆車販売には月賦制度の採用が不可欠であることを認識していた。トヨタ入りした当時も、わが国のように消費者金融の未発達な国では、自社で金融機関を設置するほかないことを喜一郎に進言して、一九三六年一〇月のトヨタ金融株式会社の設立に結び付けている。日本フォード、日本GMは、一九二九年にそれぞれ金融会社を設立して潜在需要を開拓し、一九三五年頃には販売台数の七〇～八〇％が月賦販売となっていた。

日本フォードや日本GMに学んで始めたトヨタの月賦販売は、一二か月月賦であり新車、中古車を対象として拡販に貢献した。しかし、一九三七年の日中戦争後の統制経済の下で、月賦金融業務は次第に規制され、事実上、トヨタ金融の業務は停止を余儀なくされていった。戦後、一九四九年、トヨタ金融の流れをくむ日新通商株式会社がトヨタ車の月賦金融を日本開発銀行に申請したが、時期尚早という理由で却下され、各販売店が自主的に対応せざるを得ず販売店は資金繰りの悪化に苦しんだ。それがひいては、トヨタ自工の売掛金増大につながったのである。

以上のように、月賦販売を行う前提がなく、潜在的な市場の開拓には大きな困難があった。そこで、トヨタ自販は、月賦販売制度の確立に向かって、販売店とユーザー双方に対して月賦販売についての啓蒙を進めた。また、関係官庁に対しても月賦制度を法的に裏付ける制度の制定に関して働きかけを行った。

一九五一年六月、自動車抵当法が制定され、五二年四月から施行されたことは、トヨタ自販がめざす月賦販売制度にとって福音となった。同法によって、自動車にも抵当権を設定できるようになったのである。これによって、販売店は、賦払い中のユーザーに対して債権を確保することが可能となった。

自動車抵当法の制定によって、自動車の担保価値は高まり、金融の手段として利用できるようになった。当時、企業の資金調達は、その資産内容や担保力によって規定されていたが、自動車という商品に担保力を付加することができれば資金調達の道は大きく広がる。つまり、ユーザー振出し月賦手形に担保力を付加することで、新しい金融ルートが生まれた。こうしてトヨタ自販は、他社に先駆けて月賦販売資金ルートの確立に成功し、販売資金確保と自工における製品の即時換金化を実現した。

月賦手形融資の実施にあたって、神谷の銀行筋への説得を支援したのは日銀名古屋支店長の高梨壮夫である。高梨は、トヨタ自販引受け、トヨタ自工受取りの為替手形を日銀の再割引適格手形と認め、トヨタ自工の資金調達を可能にした。日銀を巻き込んだトヨタに対する措置は、総合工業としての自動車工業のもつ経済界への影響の大きさを考慮したものであった。

神谷は、従来の在庫商品を担保とする融資ではなく、消費者が使用している商品を担保とする融資の制度化に道を開くことに精力を注いだ。トヨタ自工救済のために渋々銀行筋が認めた方式を、制度として定着させるべく各方面の理解を得ることに成功したのである。

戦前、月賦未済車の転売が横行し、裁判も少なからず行われた。たとえば、一九三四年七月に大審院第一刑事部で上告棄却となった案件では、被告人が一九三〇年から翌年にかけて、七名の販売業者と月賦契約を結び、月賦未済期間内に相次いで各引き取り車両を転売した件がある。この際、被告人側が主張したのは、自動車の所有権は、その引き渡しと同時に買主に移転する、というものであった。最終的に上告棄却の内容は、自動車の月賦金完済まで所有権は売主にあり、買主は占有使用し、月賦未済中に転売した場合は横領罪を構成する、というものであった（四宮『日本の自動車産業』）。それ以来、自動車抵当法施行以前、車の所有権は賦払いの完了まで売主である販売店に留保する方法がとられていた。この方式は、債権確保の点で問題を残したため、自動車抵当法がこの欠点を補うことになったのである。

月賦販売は、一九五〇年の自動車配給統制の全面撤廃を機に復活し、一九五二年の自動車抵当法の施行にもとづく自動車抵当制度の確立で急速に拡大したのである。

4　系列販売とその管理

すでにみたように、第二次世界大戦後、日配と各県別の配給会社は解体され、各メーカーは専属販売店の設置を進めていった。その要因としては、従来指摘されてきた、①戦後の復興計画の下で生産優先の金融政策が採られたため商業金融が圧迫され、各地の販売店が販売資金の自己調達に困難をきたした、②メーカーは販売台数を増加させ、長期的成長にとって安定した市場確保の必要に迫られた、という二点に加えて、③企業間競争を前提に車両・部品・修理加工の一体性を堅持し、それを通じて輸送力の維持と国産車の振興を図るというユーザーの視点に立つ必要性があったことがあげられる（四宮『自動車流通の経営史』）。

戦時期の配給制度の下では、ユーザーの自動車に関する情報はメーカーに届かず、ユーザーの声を製品づくりにフィードバックすることはかなわなかった。しかし、戦後、系列販売店制度を採用することで、メーカーは販売店を通じてユーザーのクレームや要望を知ることができるようになり、それらにメーカーと販売店が協力して対応することが可能となった。その積み重ねこそが、国産車の性能向上をもたらし国産車の振興につながるという考えが先の③の前提であった。

自動車メーカーが系列販売を推進するうえで、販売店をどのように管理するかは重要な問題である。販売店をどのように管理するかによって、メーカーには二種のアプローチがあった。一つは、メーカーから販売機能を分離独立させ、総販売会社を設置して販売を専業化する方式（総販売会社方式）であり、もう一つは、生産部門と販売部門を総合的に管理する方式（直売方式）である。

前者は、先にみたトヨタのほか、プリンス（一九五四年にプリンス自動車販売を設立）、日野（一九五九年に日野自動車販売を設立）が採用し、後者は日産、いすゞ、東洋工業が採用した。

トヨタが採用することになった総販売会社は、つぎのような機能を有している。それは、①系列販売店に対する製品供給と販売促進、②系列販売店の管理、③市場調査とそれにもとづく製品計画のアドバイス、④販売資金の調達と供給、である。直売方式との比較のうえで特異な機能は、③と④の機能であり、総販売会社の市場調査にもとづく製品計画がどれだけ有効に機能しているか、また、販売資金の調達と供給の面で、生産活動との分離による専門化の利点をいかに活用できるかの二つの点が、この方式の有効性を測る基準になると思われる。

ただ、総販売会社が、生産会社に対して製品計画や販売政策に対して発言力をもつためには、なによりも販売資金調達と販売店への資金供給について十分な機能を果たしていることが前提となる。総販売会社が、販売資金の調達と供給を円滑になしえている限り、生産会社との交渉力は保持できる。言い換えれば、総販売会社設置の意義は、金融機能の役割に応じてメーカーごとに異なるということができる（日本長期信用銀行調査部『調査月報』第95号）。

前に述べたように、戦後の社会的な資金不足を背景とした生産金融偏重のなかで、販売店の資本力も脆弱で、月賦の普及は販売店の資金繰りを圧迫した。結局、販売資金の供給はメーカーもしくは販社の役割となり、販売競争の激化につれて、その傾向は強まった。

5　系列販売店との関係強化

トヨタ自販の設立に伴い、トヨタ自工から自販へトヨタ車の営業権が譲渡され、一九五〇年六月から七月にかけて販売店は特約販売契約を自販との契約に変更した。販売部門の独立によって、神谷が提唱する販売店尊重の考えはさらに深化していくことになる。共存共栄の考えの下、自販による販売店の指導は推進されていった。トヨタ自販と販売店の関係は、GMの合理的なシステムと人間的心情を加味した共存共栄主義を基礎にしている。

トヨタ自工から販売網を継承したトヨタ自販は、販売店との連携を緊密に行うため、神谷をはじめ日本GM出身者が多かったこともあって、GMの販売店管理の手法を参考に販売店の経営状況の把握と指導を進めた。各地の地場資本販売店にとって、経営成績や販売状況を逐一報告することは余計な業務であるとともに手間のかかることであったが、彼らの積極的な協力を前提として、『GMディーラー標準経営法』という小冊子を基礎に、わが国の状況に適合させせつつシステム化する努力が重ねられたのである。

販売店の管理を適切に行い、長期的な関係を維持していくうえで、販売店の経営状況を適時適切に把握しておくことは不可欠であったが、販売店が各社各様の勘定科目を用い、場合によってはその取引先ごとに口座を設けて取引状況を記録する大福帳的な処理を行っているという状況では、全国的な集計、販売店ごとの比較もままならなかった。そこで、一九五一年、販売店の勘定科目を全国統一することにした。これにより、各販売店の経営状況が比較分析できるようになった。

また、一九五一年初頭、GMのTen Days Report制度にならって、一〇日ごとに販売店から販売条件や販売台数を報告させて市場情報を把握するシステムを導入した。トヨタ自販は、その後も市場情報を迅速に入手するための措置を講じていった。

トヨタ自販の設立から間もない一九五〇年七月、決定・実施に移された組織図によれば、代表員室が設けられているのが特徴的である。代表員室の役割は、トヨタ自販の販売店に対する指導を組織的に行うというものであり、日本GM時代の神谷の体験が活かされている。実質的に社長直属のスタッフ部門として、GMのように本社の考えを販売店に伝えて実行させるというような一方的な関係ではなく、販売店経営者の相談相手としての役割に重きを置いている。代表員室は、その後地区担当員室に引き継がれた。

地区担当員は、前にみた会計上の施策等を通じて収集した情報により販売店の経営内容を把握し、経営者に助言する役割をもっている。また、地区担当員は、財務やサービスなどの自身の得意分野を中心に助言を行い、販売店従業員の教育にも一役買っている（吉原『トヨタ自販の経営』）。

一九六〇年代後半に地区担当員を務めた巻島英雄は、地区担当員の業務について、つぎのように述べている。

地区担当員というのは支払い条件、回収とかいうことをほとんど心配なしに、あるいはもっと次元の高い仕事をやれるはずだということなんでしょうけどね。他の多くのメーカーさんは、「いいですね、トヨタさんの担当員は。そういうことから全然解放されて、私なんか今日も話をつけるのに1日かかりましたよ。」とか、そんなことで地区担当員といっても、いちばんややこしい話はないんです。だから、行って最近の経営状況や販売状況を聞いたり、「新しく営業拠点をつくろうとしているが、担当員も一緒に見てくれないか」というので、見に行って。こっちにはわからんけどね、土地柄というのを知らないわけだけど、もっともらしく、「ああ、ここはいいところですね。」とか、「幾ら投資にかかるんですか。」とか、そんな相談に乗ったような形の仕事をしたり（宇田川・四宮編『巻島英雄オーラル・ヒストリー』）。

巻島が述べているように、トヨタの地区担当員は、トヨタの販売部門を代表して販売店と折衝にあたる業務を担ったが、他社の担当員と異なっていたのは、価格交渉、支払い条件の交渉については免除されていたということである。というのも、トヨタ自販と販売店との価格と支払い条件の交渉については、自販側が決めることになっており、交渉の余地はなかったからである。その点、地区担当員は販売店の経営者とのコミュニケーションに多くの時間を割くことも可能となり、経営状況の改善に精力を傾けることができた。

神谷が日本GM時代に経験した販売店とメーカーとの軋轢を、可能な限り回避することは地区担当員の重要な任務であった。

第6章　軋轢を厭わず

1　競争環境の変化

自動車生産については、一九四五（昭和二〇）年九月のトラック生産許可、一九四七年六月の小型乗用車生産許可、一九四九年一〇月の乗用車生産制限の解除が、相次いでGHQにより実施された。乗用車生産制限の解除を受けて、配給統制も一九五〇年四月に全面的に撤廃された。

ドッジ・ラインによる日本経済の自立化政策の下で、上にみたような統制の解除が進むなか、一九五〇年六月、朝鮮戦争が勃発した。この戦争特需を機に、自動車生産は息を吹き返した。トヨタをはじめ自動車メーカー各社は純利益を増大させ、乗用車の量産体制に向けた設備投資が進んだ。

わが国の自動車産業が経営基盤を整備するなか、外国車の取引制限が緩和されて競争環境は大きく変化していった。戦後、GHQにより外国人所有の外国車を日本人が譲り受けることは禁止されていたが、外国人の軍人軍属への輸入車販売を行う旧外車輸入販売店、ハイヤー・タクシー業者、新聞連盟などから払い下げの要望が出され、帰国する外国人が増加するにつれ自動車を処分する必要性も増大し、払下げ制限は緩和の方向に向かった。一九五一年六月九日、通産省と運輸省の共同省令として「外国自動車譲受規則」が公布施行され、五二年三月三一日に臨時物資需給調整法が失効すると、輸入割当枠内での有為替輸入は自由になった。六月三〇日には外国自動車譲受規則が失効し、七月から無為替輸入車取引も事実上自由となった。

こうした外車取引の自由化は外車の流入をもたらし、国産車生産台数を凌駕していった。ちなみに、一九五二年、五三年の国産車生産台数は、それぞれ五〇九〇台、八五四八台であったが、無為替輸入を含む輸入台数は、それぞれ、一万五四一三台、二万五八九六台であった。運輸省、運輸業者は、性能、品質に優れた外車の利用が乗客の利便性につながり、営業上も有利であることを主張し、未知数の国産車利用には理解が得られなかった。

乗用車工業を保護育成し総合工業としての波及効果を期待する通産省と、あくまで使用者側の視点に立って外車輸入に傾く運輸省との二つの議論が、当時の自動車をめぐる考え方であった（板垣「復興期外国車輸入をめぐる意見対立とその帰結」）。

国内メーカーのなかには、外国のメーカーとの技術提携を通じて短期間に乗用車技術を吸収しようとする動きもみられ、こうした動きを受けるかたちで、通産省は一九五二年一〇月三日「乗用自動車関係提携および組立契約に対する取扱方針」を公表した。一九五二〜五三年にかけて、外資との技術提携が成功したのは四件であった。それは、日産自動車・オースチン社（英）、いすゞ自動車・ルーツ社（英）、日野ヂーゼル工業・ルノー公団（仏）、新三菱重工業・ウィリスオーバーランドエクスポート社（米）の英米仏企業との提携である。日産自動車をはじめとする四社は、技術提携を結んだ外資の自動車について、部品輸入による国内組立を行い、乗用車技術の修得と部品の国産化を進めた。

2　東京トヨペットの設立

前にみたような外資提携の動きとは対照的に、トヨタは熟慮の末、純国産方式による乗用車開発に乗り出す。トヨタ自工とトヨタ自販による外資提携に関する検討はさまざまな点に及んだが、外車をそのまま国産化するのは国情に合わない、ノック・ダウン生産は外貨節約につながらない、設計中の新型車に自信がある、などを理由に技術提携による外車の組立国産化に踏み出すことはなかった。

これに先立ち、トヨタもフォードとの提携交渉を進めたことがあった。一九五〇年六月、トヨタ自販設立から間もない時期に、神谷正太郎は渡米してフォードとの交渉にあたった。フォードの小型車生産技術を学ぶための技術提携を企図したものである。フォードとの交渉それ自体は順調に進んだが、折悪しく朝鮮戦争が勃発して技術者の海外派遣が禁止されたことで、この話はうやむやになってしまった。

後年、交渉相手に古巣のＧＭでなくフォードを選んだ理由と、他社がヨーロッパ・メーカーとの提携を選択したのに、アメリカメーカーを交渉相手に選んだ理由を問われた神谷はつぎのように語っている。

フォードはワンマン会社だけに決断が早くいちばん手っとり早かった。そういうことが一つあったが、さらに重要な点としては、GMは再輸出を認めないという方針をとっていた。それから重要部品は現地ではつくらせないという、かなり海外を子会社的に、あるいはノック・ダウン工場的に使おうという考え方が表面に出ていた。それに対し、フォードのほうは、再輸出も認める、エンジン生産も認めるみたいに、GMに比べわりにゆるやかな条件になっていた。それが私の気持を引きつけましたね。（中略―筆者）

その後、（他社がヨーロッパ・メーカーと技術提携を行うなかで―筆者）やっぱり、かなりたくさん呼びかけはありました。主としてヨーロッパ・メーカーです。しかし、将来トヨタが伸びようとすると、どうしても海外にもいかなきゃいけない。それについては、やっぱりアメリカに頼らなきゃならんという気持は非常に強かったですね。それでほかのヨーロッパの会社はぜんぜん問題にせずに提携するならフォード専門にいこうというふうに決断が働いたわけです（「戦後産業史への証言（上）」）。

純国産方式による乗用車開発を自販サイドから支援するために、乗用車販売体制を強化する必要があった。そこで、神谷が採った方策は、一つは当時のユーザーの七〇％を占めていたハイヤー・タクシー業界に寄り添うことであり、もう一つは大規模市場である東京市場を押さえることであった。

まず、ハイヤー・タクシー業界が積極的にトヨタ車を使用してくれるように、大幅な値下げを断行した。トヨタ唯一の乗用車トヨペットSFセダンを、一九五二年八月に一〇万円、五三年一月に一五万円値下げして、工場渡し価格九五万円を達成した。これで組立外車より二〇万円ほど安くなった。組立外車に対する先制攻撃であった。

ここで、当時の国産車に対する評価について紹介しておこう。

ユーザーサイドの意見として、全国乗用自動車協会会長の新倉文郎は、SFセダンについて「精巧な玩具としての域を脱しないもの」と表現し（新倉「国産乗用自動車に対する批判」）、通産省通商機械局車両部長吉岡千代三は、「価格の面において国産車が非常に高い」と述べており（参議院事務局『第一三回国会参議院運輸委員会会議録』第一〇号）、国産車に対する当時の雰囲気を伝えている。トヨタの値下げ攻勢は、こうした声を受けての対応であった。

また、一九五三年九月に発売された一五〇〇ccの小型乗用車トヨペット・スーパー（RH型）は、ハイヤー・タクシー業界の要望に応えて生まれたものであり、五四年に入ると外貨事情が危機を迎えるなか、ハイヤー・タクシー業界は国産車依存を強める方向へと向かった。神谷は、こうした状況を受けて、国産車優位を確立するために、トヨペット・スーパーの大幅値下げに踏み切った。一九五四年七月、八万七〇〇〇円値下げして、工場渡し八九万五〇〇〇円の新価格を、ハイヤー・タクシー業界との合同記者会見のかたちで発表した。

会見の席で神谷は、つぎのように値下げの理由を述べた。

トヨペットの生産は、昨年春まで月間150台くらいだったものが、最近では月間500台が確実になった。これはハイヤー・タクシー業界各位のご愛顧の賜である。その業界が「水揚げの減少によって経営が困難となり、車両価格の引下げが経営改善に不可欠である」という状態にあると聞く。トヨタはこの際、タクシー会社の経営対策のために、しいて犠牲的価格によってこれまでのご愛顧におこたえすることにした（トヨタ自販編『モータリゼーションとともに』）。

外車への対抗策としてハイヤー・タクシー業界に寄り添う方策に加えて、東京市場での販売力の強化は不可欠であった。乗用車市場における東京市場のウェイトは三〇％を超えており、東京市場を制することは、トヨタの乗用車販売政策を考えるうえで大きな意味をもっていた。輸入車や提携組立外車に対抗していくうえで、東京トヨペットの設立は重要市場である東京市場確保を目的としていたのである。

一九五三年三月、トヨタ自販は、資本金三〇〇〇万円のうち八〇％を出資し、残りの二〇％を希望する販売店が出資することで、東京トヨペット株式会社を設立した。トヨタ初の直営店であった。従来からの東京トヨタ自動車株式会社とあわせて複数販売店制へ移行することになった。ただ、これは、東京市場の特殊性を考えた例外的な措置であった。例外的措置とはいえ、トヨタが創業以来採ってきた地元資本、地元人材、フランチャイズ契約による一県一店制の販売店政策に修正を加える転機となった。

神谷は同社を直営店として設立した理由について、東京市場の確保が喫緊の課題であったことをあげているが、それ以外にも、従来の地場販売店に行わせることのできないいくつかの実験を行う場として活用する意図も明らかにしている。

それはまず、セールスマンを全面的に大学卒とし、自社社員、固定給を基本とするハウスセールス制を採用したことである。モータリゼーションの中心的市場となる東京で、自家用車を拡販していく体制として、旧来のコミッションセールスは、多くの弊害を生んでいた。

当時、業界では常識であった歩合制の契約社員によるコミッションセールスは、顧客の顔色をみて営業する傾向があり、主要顧客であるタクシー業者に対し、売り手市場を背景としてプレミアムを要求したり、売れれば他社商品でも扱ったりというように、業界に対する社会的信用や経営の安定性に関わるさまざまな問題点が指摘されていた。こうした状況を憂慮した神谷は、「誰もが安心して買える」ように変革したのである。自動車という新規商品を、自家用層に販売していくために、社会的にも評価される自動車販売業界づくりに腐心している。

さらに、東京トヨペットに課せられたのは、不況時にトヨタ自工を減産から守る防波堤にするという課題であった。不況時の過剰在庫を直営販売店に負担させ、特約販売店を守るとともに、自工の量産体制を確保することが求められた。輸入車や提携組立外車に対抗すべく月販一〇〇〇台水準を守るための方策であった。

これまで述べてきた一連の販売店政策について、神谷はその意図をつぎのように端的に語っている。

私は販売店は地元人材、地元資本を原則としていたのですが、外車組立てをしない以上、全国乗用車市場の三〇％以上（当時）を占める東京における乗用車の販売体制を早急に強化しなければならないと思った。外車攻勢がまさに始まろうとしているときに、既存の販売店を強化するとか、新しい資本家を探したりする余裕はないと思い、直営の販売店としてスタートさせたのです。

私はここで、来るべき自家用車時代にそなえ、自動車販売をより洗練されたものにしたいと考え、サービス工場などの充実、セールスマンの教育などを実施した。この政策推進のリスク負担をまず、トヨタ自販で背負い、成功したら全国に広げていくつもりだった。この東京トヨペットはトヨタ自工を減産から守る防波堤となりましたね（「戦後産業史への証言（上）」）。

3　直営店への批判

前にみたようなトヨタの販売店政策の変更に対し、当然ながら一部の販売店からは不満の声があがった。自販による直営店の設立は、既存販売店の既得権益を侵し、複数販売店制は販売店の経営を脅かすというものである。それは、戦前の外資系企業の例が物語っていた。

こうした声に対し自販側は、東京市場確保を通じたコストダウンの成果が各販売店に恩恵をもたらす、この措置は東京市場に限ったものである、との見解を表明して販売店の理解を得た。

その結果、東京トヨペットは、資本金のうち二〇％を全国の販売店が出資し、奈良トヨタ自動車社長菊池武三郎、東京トヨタ自動車社長小橋澂の二人が取締役に就任した。

東京トヨペット設立から五年経った一九五八年五月、トヨタ自動車販売店協会総会の席上、神谷は直営店が果たす役割についてつぎのように述べた。

われわれ販売の立場にある者は、いつも時の動きと、それによって変化する市場の実体を正確につかんでいなくてはならぬ。さもなければ、数多くの全国の販売店を指導するうえで、万全を期することはできない。東京トヨペットを直営にしたことによって、トヨタ自販が直接市場に接触できるわけであり、全国の販売店指導にも役立たせることができよう（トヨタ自販編『モータリゼーションとともに』）。

東京トヨペットの設立から五年、取締役会長を務めた神谷の自信のほどを窺わせる挨拶である。神谷は直営店経営を通じ、直接ユーザーと接することでさまざまな点を学んだことを明らかにしたといえよう。言い換えれば、神谷がトヨタ自販に期待したトータル・マーケティングを実施する際の情報収集の尖兵の役割を東京トヨペットが担ったのである。

4　複数販売店制の全面実施

東京トヨペット設立時には、東京に限った例外的措置であるという説明がなされたが、複数販売店制は一九五五年一二月、全面的に導入されることになった。その最大の契機は、ＳＫＢ型トヨペット・ライト・トラックの販売不振であった。三輪トラックからの買替需要を考慮してＳＫＢを増販するために、新しいチャネルを必要としたのである。東京トヨペット設立時の約束を反故にするかたちになったものの、トヨタ店が扱うクラウンとＲＫ型トヨペット・トラックの売れ行きは順調で、ＳＫＢを新店に移しても影響はないと判断した。そこで、既存店の売り上げに占める割合の小さなＳＫＢとマスターライン（ＲＲ16型）の販売は新店に移すとともに、経営を安定させるために新型乗用車コロナを加えてチャネルを再編することとしたのである。そこには、同一テリトリー内ではあるが、既存のトヨタ店とは異なる取扱車種によって競合は回避できるという読みがあった。

全面的に複数販売店制を導入するという神谷の方針に対し、既存の販売店は猛反発する。既存の販売店にとって、売り上げに占める比重が小さいとはいえ、ＳＫＢ、マスターラインの新店への移行は既得権益を侵害するとともに、自らのテリトリーに新店が設置されることはテリトリーの侵害にも映ったのである。

これに対して神谷の考えは明確であった。それは、ＳＫＢ増販のための新チャネルの設置は既存店にとって不快であることは理解するが、新チャネル設置にともない新資本の吸収と量販の推進が達成されれば、オールトヨタの利益になるというものであった。神谷自身、この時の既存販売店の説得が、それまでで最も苦しんだ問題の一つであると述べているように、全国の販売店との意思統一は困難を極めた。

神谷は、東京トヨペットを設立した時とは競争環境が大きく異なり、トヨタ販売網の強化をめざして新資本の吸収と資金調達力を強化し、コストダウンにつながる増産体制を支援する量販体制の構築は、既存販売店にも利益をもたらすという判断であった。

複数販売店制への全面移行について、神谷はつぎのように自らの考えを述べて、販売店側の了解を求めている。

今年は大増販を敢行して、トヨタの一大躍進の年としたい。トヨタの昨年の生産は、月平均1900台程度であったが、今年は一挙にこれを3000台以上にレベルアップする予定である。販売面でもこれに対応して積極策をとらねばならないが、現状のままでは、販売店の資金量、セールスマンの数、サービス能力などからみて、この大増産を消化することは困難と思う。

1升のマスには1升の水しか入らない。2升、3升の水を入れるためには、マスの数を増やさねばならない（同前）。

神谷の言葉の背景にあったのは、日産との熾烈な競争であった。一九五三年から五五年までの生産台数を比較すると、トヨタは一万六四九六台、二万二七一三台、二万二七八六台、日産は一万四五九三台、一万九八二三台、二万一七六七台というように次第に日産がトヨタの生産台数に近づいていた。また、SKBもさることながら、開発中のコロナの販売チャネルを準備しておくことが必要であった（吉原『トヨタ自販の経営』）。

神谷は、必ずしもすべての既存販売店が新チャネルの設置を快く受け入れてくれるとは思ってはいなかった。そこで、従来の販売店尊重の考えを基礎に既存販売店の立場を踏まえ、新チャネルの設立に際しては、当初の新資本という考えから既存販売店の参加も可能であるという方針に変更した。既存販売店の協力を求めたこともあって、新チャネルであるトヨペット店の設立は、一九五六年二月の準備開始からわずか一年半ほど経った五七年六月には五〇店の設置が完了している。トヨペット店設立にあたって、山林地主の協力も得られ、トヨタの販売網はトヨタ店四九店、東京トヨペットとあわせて一〇〇店を数えた。各地の有力者を吸収しつつ、トヨタの販売体制は強化されることになったのである。

複数販売店制の導入には、すでに触れたように販売網の強化という点とは別に、資金調達力の強化という側面がある。モータリゼーションの傾向が顕著になる状況のなかで、複数販売店制を本格的に導入していった背景について、神谷の説明を聞こう。

トヨタの販売政策としては、最初から販売店は地元資本と、地元人材でということを原則理念としておりますので、新しく販売店をつくるということは、新しい資本家をわれわれの側に引き入れる、仲間になってもらうということですね。ですから販売店をふやすということは、同時に地場における資金調達力を強化するということにもつながってくる。

それとともに、トヨタ自販の増資がそのころ相次いで、二七（一九五二―筆者）年ぐらいからはじまって、七回か八回、増資しております。そういうことで、他人の資本参加をはかるとともにみずからの調達力もつけていくということをやりました（「戦後産業史への証言（上）」）。

この時期、神谷がめざしていたのは、トヨタ自販自身の資本増強と地場における資金調達力の強化であった。販売店網の強化と自動車金融を結びつける手法を採用したのである。一九五五年発売のクラウンの好調に加え、山林解放の噂により山林地主が投資先を探していたことも幸いし、地元の素封家がトヨペット店に参加したのである。

複数販売店制度を本格的に導入したことは、神谷の従来の主張とは矛盾したものとして受けとめることができる。経営学者の加護野忠男によれば、「矛盾や対立こそ、経営者が直面する本質的な問題の一つ」であると述べている。「原則を貫こうとすることからくる矛盾、対立した原則の間の矛盾、これらの矛盾に折り合いをつけることに、経営の一つのエッセンスがある」とも述べている（加護野『松下幸之助に学ぶ経営学』）。そして、その矛盾の発展的解消にむかって、前にみたような販売店が納得いくような手立てを講じていった。

5　定価販売制の採用

前に触れたように、自動車販売にはブローカーが暗躍し、水増し価格、プレミアム付き販売、手数料をとっての仲介などが横行していた。その結果、自動車販売の社会的評価は高くなく、むしろ不信の目でみられる業務であった。

トヨタ自販の社史は、それについて、自らつぎのように記している。

（定価販売制の実施以前―筆者）の自動車の販売は、工場渡しの価格が公表されるだけで、ディーラーがユーザーに販売する最終価格は、発表されないのが慣例であった。最終販売価格の決定は、各地販売店の自由にまかせられていたわけである。その結果、ディーラーの中には、たとえば70万円の車を80万円ともちかけておいて、潮時をみてポンと10万円値引きして商談をまとめたり、20万円の価値しかない下取車を、30万円と評価してユーザーを引きつけ、その分だけ新車を高く売りつけたりするものが少なくなかった。従って、当時の自動車販売のすがたは、決して明朗とはいえなかったのである。しろうとのお客にしてみれば、果して高く買わされているのか、安いのか、見当がつかなくて、不安をいだかざるをえないし、下取車の取引価格は混乱するほかない状態であった

（トヨタ自販編『トヨタ自動車販売株式会社の歩み』）。

自動車販売の社会的評価を向上させるため、神谷は販売秩序の回復に注力した。その抜本的な手段として採用したのが定価販売制である。前にみたように、工場渡し価格は公表するものの、主要地区以外の店頭販売価格は公表せず、販売店やセールスマンの裁量に任されていたのである。それが、ブローカーの活動の余地を残していた。

定価販売制の採用について、一九五七年一月、全国販売店懇談会において、神谷はつぎのように述べた。

最近の販売界をみるに、販売の秩序がきわめて乱れている。これは、需要家をあざむくことであり、きわめて遺憾に思う。トヨタにおいては皆さんのご協力により、販売秩序の維持に意を注いではきたが、業界の風潮を正すまでには至っていない。そこで、わたくしは新たに定価販売制を採用して、われわれの誠意を大衆に知ってもらうことにしたい。もとより、自動車販売は、大衆の信頼を得ることによって成り立つものである。特に、これから個人層に販路を広げていかなければならない時期において、自動車の売買はみずものという印象を与えることは大きなマイナスである。定価販売制が、自動車販売の正しい方向であり、同時に、大衆のトヨタへの信頼を高める結果をもたらすものと確信している（トヨタ自販編『モータリゼーションとともに』）。

一九五七年二月一日に実施に移された定価販売制は、ユーザーあっての販売店という神谷の考えを実現したものであり、営業用から自家用へとユーザーの質の変化を見越した対応の先取りであった。営業用のユーザーとブローカーとの丁々発止は、ある程度看過できても、自家用ユーザーが拡大しつつある状況のなかで、不明朗な価格設定は社会的な信用に関わると判断した。

トヨタ自販が先鞭をつけた定価販売制の動きは他社にも波及し、自動車販売は大衆の信頼を得て、その後のモータリゼーションの進展にもつながったのである。

6　先行投資

トヨタ自販は、一九五〇年代半ば以降、相次いでさまざまな事業に進出した。それらを概観すれば、一九五四年六月にトヨペット整備株式会社を設立、一二月には日本自動車学校を譲受け、五五年にはトヨタ自工とトヨタ中古自動車販売株式会社を設立し、五七年には中部日本自動車学校を開設した。その他にも、五九年、千代田火災海上保険株式会社、株式会社日本デザインセンター、六〇年、株式会社日本リサーチセンター、国際道路株式会社、六一年、名古屋放送株式会社、株式会社日本産業映画センター、中部日本自動車整備学校などへと投資を行っている。なかでも、中部日本自動車学校の開設は、「むちゃな投資であり、正気の沙汰ではない」と批判された大規模投資であった。トヨタ自販の資本金は一〇億円で、投資規模は四億円にものぼった（同前）。

中部日本自動車学校の設立について、同校史はつぎのようにその経過を伝えている。

30年（一九五五年—筆者）のある日、当時の（トヨタ自販—筆者）取締役サービス部長赤坂正喜から、その前年に買収したばかりの東京立川市にある日本自動車学校の状況について報告を受けていた神谷社長は、赤坂が何気なく説明した「このところ教習生は横這いですが、ご婦人の姿もちらほら見かけるようになりました。学校帰りのお嬢さんも多く、タイプライターを習うような気分で運転練習をしております」という言葉に時代の流れを敏感に感じとり、名古屋に模範的な自動車学校をつくることを思いついたのである。

神谷社長は、前々から一つの哲学ともいうべき構想を抱いていた。それは「一生無事故のドライバーを養成する」ということである（トヨタ名古屋教育センター編『中部日本自動車学校』）。

こうしたリスクテイキングな差別化投資について、神谷はつぎのようにその目的について述べている。

わたくしは、決して経営の多角化を目指していたわけではない。モータリゼーションが進展しやすい環境をつくろうとしただけである。需要の拡大は潜在需要の開拓にあるが、その潜在需要層が存在しなければ、いかんともしがたい。つまり、需要開発の出発点は、潜在需要の育成にあるわけだ。例えば、運転免許証保持者が少なければ潜在需要層は薄いということになる。ちなみに、昭和三十五年ごろから全国に広がった自動車学校ブームに際し、中部日本自動車学校がそのモデル校として学校経営志望者の注目を浴び、見学者が相次いだが、その事実だけでも、十分に投資効果はあがったと考えている。

観光開発にしろ、調査会社にしろ、あるいは産業映画、道路事業、自動車保険事業にしろ、すべてモータリゼーションの推進に欠かせぬ環境づくりの一環であったのである。「生産に先行投資があるように販売にも先行投資が必要である」というのが、わたくしの信念である（神谷「私の履歴書」）。

運転免許取得者は、対人口比で一九五五年の四・二％から五八年の六・六％、六一年の一二・七％、六五年の二一・二％へと順調に増加していくことになった。

前にあげた中部日本自動車学校は、単なる自動車教習所に止まることなく、交通道徳や安全運転教育も兼ね備えた機関として設立され、モータリゼーションを醸成する意味をもった。同校が、その後の自動車学校のモデルを提供するとともに、販売店と自動車学校との関係強化は販売促進効果をもたらした。

また、愛知県西春日井郡清洲町に開設した中部日本自動車整備学校は、わが国初の本格的な自動車整備士養成機関として誕生した。同校の卒業生はトヨタ系に就職する必要はなく、モータリゼーションの急激な進展に対して、整備士が不足する状況を見越した投資として評価される。整備士の養成は、モータリゼーションが進展するなかで社会的要請でもあった。自動車の安全性を重くみた神谷にとって、トヨタの利害のみを考えた投資とは一線を画していたのである。

第7章　自由化に挑む

1　需要構造の変化

一九五〇年代半ば以降、トラックに比して乗用車の比率が上昇し、小型三輪から小型四輪トラックへの移行、小型二輪・軽二輪から小型・軽乗用車への移行、小型トラックの乗用車的性格化など、従来にはみられなかった傾向が表れた。高度経済成長に伴う国民所得の増大が、自動車の利用に変化をもたらしていたのである。所得の向上と車両価格の低下が同時進行し、自動車販売は順調に伸びていった。

一九六〇年代半ばを過ぎると、乗用車比率の上昇とその個人保有比率の上昇は顕著となった。乗用車保有比率は、一九六〇年の三四％から七四年の五九％へ伸長し、乗用車保有比率がトラックを凌駕した。また、乗用車の需要層は、戦後復興期のタクシー・ハイヤーなどの営業用中心から、高度成長初期の法人自家用中心を経て、一九六五年前後から大衆の自家用へと需要層の中心は推移していった。乗用車需要に占める個人比率は、一九七〇年に五一％にのぼった。

一九五〇年代半ばから、電気冷蔵庫、電気洗濯機、白黒テレビからなる「三種の神器」の消費ブームが生まれ、六〇年代半ばからは３Ｃ（カー・クーラー・カラーテレビ）ブームが覆いかぶさって、そのうえレジャー旅行の増加、国道・高速道路の整備、若者の免許取得率の上昇など、乗用車の普及を後押しする環境は整っていったのである。

従来、自動車ユーザーは、トラック、乗用車のいずれにおいても、運送会社やタクシー会社など大口ユーザーが主なものであった。したがって、ユーザーも自動車に関するある程度の知識を有していた。しかし、すでに指摘したように、一九五〇年代半ば以降、市場は拡大しユーザー層も多様化の様相を呈するとともに、自動車に関する知識のないユーザーも増加した。いまだ、自動車の性能や品質に自信のなかったメーカーにとって、当初の販売店の役割は拡大する市場をカバーするというより、アフター・サービスを徹底させることを通じて販売を促進するという意味をもった。

戦後の系列販売の復活と再編の時期を経て、一県一店の特約店として再スタートをきったわが国の販売店は、生産量の増大および車種とユーザーの多様化に伴って、複数販売店制へと歩み出した。最小限度の販売店網の確保という域を超えて、取扱車種によって販売店系列を分けるという方向へ向かっていったのである。前章でみたように、最初に複数販売店制度を採用したのはトヨタであった。

その後、トヨタ系に限らず、一九五〇年代半ば以降、数多くの販売店が開設されたが、トヨタ系を除くとメーカーや総販売会社によって設立されたもので、メーカーの増販政策の結果であった。

普通車・小型車販売店の平均的な財務構成をみると、流動負債は八七・五％を占め、そのうちの短期借入金二九・九を除いた五七・六％が支払手形、買掛金であり、これはメーカーもしくは総販売会社から供給されている（奥村ほか『自動車工業』）。販売資金についても、メーカー・総販売会社に依存する姿が窺われる。

2　多様な自動車メーカーの活躍

第二次世界大戦後、占領政策の下で日本経済の非軍事化が推進され、戦時期に航空機や軍需品の生産を行っていた企業のなかには、自動車生産に乗り出す企業も現れた。戦前からの自動車メーカーに加えて、四輪車生産に参入する企業が相次いだ結果、一九五〇～六〇年代初めにかけてメーカー数は増加した。

一九六〇年代半ばには日本の量産乗用車メーカーは九社を数え、アメリカにおけるビッグ・スリーの三社、欧州ではフォードやGMの子会社を除けば、二～三社という寡占化がすすむ状況とは対照的な様相をみせた。一九六五年現在の乗用車生産上位三社の集中度を国際的にみれば、アメリカ九六・二％、フランス八二・四％、イタリア九五・二％、西ドイツ八七・二％、日本七〇・〇％というように、わが国における乗用車生産の上位集中度の低さが明確に表れている。

しかも、日本の場合、多くの量産メーカーで製品の競合がみられた。排気量の面で同クラスの製品を多くのメーカーが生産し、競争は激しかった。

たとえば、二〇〇〇cc超クラスでは、トヨタ・クラウンエイト（六四年四月発売、二六〇〇cc）、ニッサン・セドリックスペシャル（六二年一〇月発売、二八〇〇cc）、プリンス・グランドグロリア（六四年五月発売、二五〇〇cc）が競合し、一五〇〇cc～一〇〇〇cc超クラスでは、トヨペット・コロナ（六四年九月発売、一五〇〇cc）、トヨタ・カローラデラックス（六六年一一月発売、一〇〇〇cc）、ダットサン・ブルーバード（六五年五月、一六〇〇cc前後）、プリンス・スカイライン（六三年一一月、一五〇〇cc）、いすゞ・ベレット（六三年一一月発売、一五〇〇cc）、日野・コンテッサ（六四年九月発売、一二〇〇cc）、三菱・コルト（六三年七月発売、一〇〇〇cc）、マツダ・ルーチェデラックス（六六年八月発売、一五〇〇cc）が競合していた。

また、量産車種メーカーと、非量産車種メーカーとの分業関係が成立している欧米の状況とも異なっていた。たとえば、西ドイツではフォルクスワーゲン、ベンツなど量産車種メーカーに対し、非量産車種メーカーとしてポルシェが、イギリスでは、ＢＭＣ、レイランドなどの量産車種メーカーに対し、非量産車種メーカーとしてジャガー、ロールスロイスなどが存在した。

わが国では市場が急成長し、その需要動向に応じた車種を開発すれば、一定のマーケット・シェアを確保できたため、乗用車部門への新規参入の余地が生まれ、競争は激しさを増した。つまり、自動車産業としての量産効果が発揮されて新車価格は低下し、同クラスの新車競争が、大衆の購買意欲を掻き立てたのであった。

3　神谷の舌禍事件

従来は外貨割当や関税政策を以って自らの門戸をとざしながら、輸出を伸ばすことだけを考えて来た。しかしながら、今後は日本市場の開放なくして海外市場への進出を期しがたい趨勢になって来た。従って、国産乗用車の海外輸出とそれに伴うコストダウンの実現を扶ける意味においても、もはや或る程度の外車輸入は、これを拒否すべき何等の理由も存しなくなったと断言できよう。

勿論、たとえ漸進的ではあっても、外車の輸入が弱小メーカーを死活の関頭に立たせる可能性はあるかも知れない。しかしながら、自らの門戸を開放しないことによって、かりそめにも海外の市場から閉め出されるおそれがあるとしたら、利害得失の帰趨はおのずから明瞭であろう。世界経済の新しい情勢の中で生き抜いて行くためには、何時までも国内的な視野と思案に捉われているべきではない。むしろ、保護政策のもとで歳月を藉りようとする企業態度こそ、国産乗用車を永久に国際経済の孤児とする以外の何物をももたらさないであろう（トヨタ自販編『モータリゼーションとともに』）。

これは、神谷正太郎が一九六〇（昭和三五）年一月の年頭所感で内外に表明した貿易自由化についての意見である。わが国の自動車工業が、国際競争力を有していない段階でのこの意見表明は、大きな反響を巻き起こした。いわゆる「神谷の舌禍事件」である。

これについて神谷はその後、その真意についてつぎのように語っている。

私は、当時、国際的な要請として正当化されつつあった貿易自由化、完成乗用車の自由化問題に頭から反対する態度に対し非常に抵抗感があった。しかし、私の考え方は、自動車産業というのは国際産業で、国際商品でもある。ですから輸出を絶対考えなきゃいけないというのが基本にある。とすれば、来るものを拒むという姿勢ばかりでは相手もあることだし、話にならない。だからかたくなに拒む一方ではなくて、それに対応する、対抗するという気概でわれわれは努力しなきゃいけないないんじゃないかというようなことをいいたかったんですよ。ですから積極的に、さぁ、いらっしゃい、ということじゃなくて、相手のあることだから、それを前提にしてわれわれは努力しようじゃないかと、こういう呼びかけのつもりだったんです（「戦後産業史への証言（中）」）。

わが国は、市場開放を求める国際的な圧力のもとで、一九六〇年六月、「貿易・為替自由化計画大綱」を策定した。従来採ってきた輸入制限措置は、順次撤廃されることになった。こうした動きに対し、神谷は逃避することなく、積極的に対応すべきことを主張したのである。

舌禍事件から数年後、神谷は雑誌に寄稿した論説に、つぎのように乗用車の自由化について私見を表明している。

従来、乗用車の自由化論議がともすればメーカー・サイドで行われ、専ら価格と性能面で、その国際競争力が比較されてきたが、良い品を安く作ったとしても、それを売りさばく力がなくては何ともならない時代である。私は、今後の自動車企業の消長は販売力の如何にかかっていると思うが、販売力の優劣は販売拠点の数で決まり、販売台数は販売要員（ディーラーのセールスマン、メカニック、管理職の総計）の数に比例すると考えている。

現に国内における販売台数をみても、各社のそれは、ほぼ販売要員の数に比例している。

ところが、この販売網の整備――すなわち、販売店の設置にはじまって、サービス工場の充足、従業員の教育訓練や月賦資金の確保、中古車の流通経路の設定など、数多くある問題の一つ一つを整備していくことは、一朝一夕にできるものではない。試みに、いま都心に販売店一ツ作ろうとすれば、数億円以上の設備資金がかかるであろう。われわれは、自由化を論ずるに当り、この面でバランス・シートを考える必要がある。

われわれが営々として築きあげた、全国の販売網は外車メーカーに対して、決定的な力を具備していると考える所以である（神谷「乗用車の自由化と国産車」）。

神谷は、自由化を前にしてもひるむことなく、トヨタが築き上げてきた販売力の強さを基礎に、量産体制を構築することを通じて対抗する姿勢を鮮明にした。

国内販売における競争力の向上をめざした神谷は、完成乗用車の輸入自由化を控えて、つぎのようにその自信をみせた。

外車は輸入をしても、整備、修理、部品補給などアフター・サービスという方面から、十分手を打っていく必要がある。ところが外国企業にとってはそこが弱点になります。国内メーカーはサービスなんかをとくに重点を置いてやっておるわけで、そういう手さえ打てば、絶対に大丈夫という考え方を持っていた（「戦後産業史への証言（中）」）。

4　大衆車市場の開拓

神谷は、一九五五年九月、通商産業省の顧問に就任した。その主な役割は、自動車産業の将来の在り方に関する意見を述べることであったが、五月に通産省が公表した「国民車育成要綱案」の具体化への協力も求められた（神谷「私の履歴書」）。

国民車育成要綱案は、わが国が経済発展をめざすうえで、自動車産業のもつ経済波及効果の大きさを考慮して、通産省が打ち出したものである。同案の意図は、国民に乗用車購入の機会を提供するとともに、国産乗用車工業を育成するというものであった。構想に示された国民車は、「乗用定員四人または二人で一〇〇kg以上の荷物を載せられること、最高時速一〇〇km以上、時速六〇km（平坦な道路）で燃料一ℓ当たり三〇kmの走行が可能なこと、エンジン排気量は三五〇～五〇〇cc、車重四〇〇

kg、生産価格は月産二〇〇〇台を目標に一五万円以下（後に販売価格二五万円と訂正）」というイメージであった（日本自動車工業会編『日本自動車産業史』）。

民間企業に国民車の試作と生産を促すこの要綱案が、実現することはなかった。自動車工業会は、要綱案に盛られた国民車の仕様、機能、価格に対して、技術的に不可能であるという見解を表明した。また、自動車業界が懸念していたのは、国民車生産を行う企業に限定して金融・税制の助成措置を講じるのは、機会均等・自由競争の原則に反するという点であった。結果として要綱案の具体化は挫折したが、自動車メーカーにとっては、技術的な挑戦目標が示されたことになった。

乗用車への進出の機会を狙っていた鈴木、富士重工業、東洋工業など二輪、三輪メーカーは、三六〇〜五〇〇ccクラスの乗用車生産に乗り出し、トヨタは一九六一年、大衆車パブリカ（七〇〇cc、三八万九〇〇〇円）を発売した。国民車構想が業界への刺激剤となって各社から発売された

（出所）トヨタ自動車提供。

写真⑦　パブリカ

軽乗用車、大衆車は、その後の本格的なモータリゼーションを促すことになったのである。

トヨタ自工は、一九五四年春、超小型乗用車の開発計画に着手した。その調査段階で国民車育成要綱案が公表されたものの、現実的ではないという判断のもとで、従来の開発計画を推進し、最終的に一九六一年六月に発売されることになったのがパブリカであった。一九六〇年前後、営業用から法人の自家用へ用途は広がりつつあったが、個人の自家用という大衆車市場はまだ育っておらず、大衆車市場を育成する先駆者の苦しみの道をトヨタは歩み始める。

これに対し、日産の川又克二社長は、「日本と欧米の所得格差を比べれば日本の大衆車時代はまだ先」との判断を示し、日産の大衆車開発は遅れた（川又克二追悼録編纂委員会編『川又克二』）。

本格的な大衆車の販売にあたって、神谷は自動車が高度に普及しているアメリカの方式を導入し、多くの地域にくまなく販売店を設置して、大量販売体制を整えることにした。大衆車パブリカの専門チャネルの開設準備に入ったのは、一九六〇年秋のことである。アメリカの複数店主義をモデルとして、パブリカ店の設置と運営の方針がつぎのように定められた。

（一）地元新資本と人材を集める。
（二）既存販売店からの資本、人材の参加は望ましくないが、新店候補者の推薦などをあおぐ。
（三）必ずしも自動車関係の経験を問わない。
（四）販売店の数はできるだけ多く、規模は小さくてもよい。

（五）大府県には、複数の専門店をおき、同一地区で同一車種を併売する本格的な複数販売店制度を採用する（従来の複数販売店制は、一府県内に複数の販売店があっても取扱い車種は重複していないから厳密な意味での複数制ではない）。
（六）複数販売店地区における各販売店のテリトリーは、同一府県内ではオープンとする。
（七）当面は、大都市から整備し、逐次地方にも設置していく。
（八）専門店の未設置地区は、とりあえずトヨタ店、トヨペット店でパブリカを取り扱う。
（九）販売店への卸売りは、ＣＯＤ（Cash on Delivery）方式とする。

（トヨタ自販編『モータリゼーションとともに』）

大衆車市場の将来性に疑問が残る段階で、地方での販売店設置はなかなか進まなかった。一九六一年六月三〇日の発売時点での店数は二二を数えるにすぎず、それも大都市に集中していた。全国主要地区にパブリカ店設置が完了したのは、発売から一年経った一九六二年六月になってからであり、ようやく五二店に達したのである。

この間、パブリカ店の設置にあたって採られたアメリカの販売方式は、さまざまな問題にぶつかった。小規模ディーラー制、オープン・テリトリー、ＣＯＤ方式などの新機軸は、当初の思惑とは異なる結果をもたらすことになった。

オープン・テリトリー制は、訪問販売を中心とするわが国では、市場の競合を激化させ販売店経営を窮地に追い込んだ。ＣＯＤ方式は、代金支払いと引き換えに卸売りするシステムであったが、小規模店であるがための資金調達力の脆弱性が露呈した。

大衆車パブリカの量販をめざして、多数の小規模販売店をオープン・テリトリーのもとで競争させるというアメリカ式の手法は、アメリカの店頭販売中心の営業スタイルにもとづいていた。訪問販売を前提としたわが国の場合には、販売店間の競争はより激烈となった。また、多数の小規模店の展開は、従来の卸手形による在庫金融には不都合であると考えられた。というのも、それがトヨタ自販の資金調達力の限界を超えるおそれがあったからである。そのために採られたＣＯＤ方式であったが、小規模販売店の資金力が追い付かなかった。

ＣＯＤの場合、ユーザー手形のトヨタ自販への持込みが認められないため、自販からの信用供与期間と割賦期間との差をうめるためには、金融機関からの借入は重要であった。しかし、その場合、ディーラー自身の信用力は、その規模の大小によって左右された。大規模ディーラーほど資金調達は容易となり、借入金利も低いという調査結果がそれを示している（日本自動車販売協会連合会ほか編『自動車販売店実態調査報告書』）。つまり、パブリカ店の小規模性が、自らの資金調達力を制限してしまったのである。そのため、パブリカ店の資金繰りは、ＣＯＤのもとできわめて厳しいものとなった。

ここで、わが国と諸外国のディーラー企業の状況をみておこう。一ディーラー企業当たりの新車販売台数をみると、一九六〇年前後の時点で、アメリカでは二〇〇台前後、ヨーロッパでは国によりばらつきは大きいが一〇〇〜七〇〇〇台程度となっている。これに対し、日本では一〇〇〇台を超えている。わが国における一ディーラー企業当たりの新車販売台数の多さは、ディーラー企業のもつ数多くの販売拠点によってもたらされたものである。普通・小型車販売店においては、一九六一年時点で三〜四か所程度の販売拠点を展開しており、アメリカの一企業一拠点という状況とは大きく異なっている。

すでにみたように、外資系企業がわが国に持ち込んだフランチャイズ契約にもとづくディーラー・システムは、当初、わが国における自動車市場の過少が影響して、基本的には一つの県に一つの販売店を置かざるを得ない状況であった。設立間もなかったトヨタと日産はそれらを引き継いだという事情がある。つまり、設立時から一社専属で、ある程度の規模をもち、販売テリトリーは広範なものとなった。設立の当初から一社専属のかたちをとるため、メーカー・販売店関係は強固なものとなり、市場の拡大につれて不足しがちな販売店を、他社系列から引き抜くことは困難であった。また、未経験者をリクルートして販売店を設立させるコストは、時間の面でも費用の面でも大きかった。結果として、既存の販売店に販売拠点を増設させてサービス網を拡充する方策が採られた（四宮『自動車流通の経営史』）。

そうした歴史的な事情の下で展開してきたわが国の販売店の状況のなかで、パブリカ店の展開の仕方には無理があった。わが国の銀行は高度成長期のオーバーローンのもとで、資金不足の状況にあるとともに産業金融重視の姿勢を強く有し、消費者金融には消極的であったため、自動車の販売金融にはメーカー、販売店の系列を通じた関与が必要とされていた。また、前述のように、販売店が金融機関から借入を行う場合も、販売店の規模の大小は信用力にも影響を与えた。その結果として、販売店の規模は大きくなる傾向を生んでいた。

以上のような経緯を考慮することなく採用されたオープン・テリトリー、小規模販売店、CODという手法は、歴史的文脈を無視したものであった。それを裏付けるように、トヨタ自販は、パブリカ店の当初の運営がうまく機能しなかったことを認め、その原因について、①アメリカ式ディーラー・システムを可能にする条件の研究不足、②市場環境の見込み違いにもとづく需要予測と商品政策の不適確さの二点をあげている。アメリカ式のディーラー・システムを導入するうえで、それを可能にするわが国の社会、金融などの各種の制度やユーザーの購入態度などとの比較研究がおろそかであったことに加え、市場環境を読み違えたことが問題であった（トヨタ自販編『モータリゼーションとともに』）。

神谷は、「パブリカによって大衆車市場を育成しつつ、一気にこの市場の主導権を握ろうと考えた」が、「需要の開拓は思うに任せ」ず、「心身ともに非常に疲れた」と述べている（神谷「私の履歴書」）。それは、前述の販売方法もさることながら、パブリカ自体が抱える問題にも起因していた。大衆車市場の開拓をめざしたパブリカは、経済性と実用性を重視して開発されたものの、中途半端な商品であるという評価を受け、売行きは振るわなかった。発売当初、月販三〇〇〇台を目標としていたが、六二年には月平均販売台数一六〇〇台程に低迷した。

大衆車パブリカは、一般大衆の所得水準を考慮して、豪華さよりも実用性に重点をおき、低価格を実現することをめざした。しかし、パブリカの訴求ポイントと市場のニーズにはギャップがあった。購買力をもつ大衆にとって、せっかく購入するマイカーにはステイタスシンボルとしての存在感が求められ、多少なりとも豪華さや乗る楽しさが必要であった。「質素すぎて乗っても楽しくない」という評価は、パブリカの販売にとって大きな障害となったのである。

さらに、パブリカ発売の三か月後の一九六一年九月、富士重工業がスバル三六〇デラックスを、六二年二月には、東洋工業がマツダ・キャロル三六〇デラックスを発売した。本格的な乗用車ムードを盛り込んだ軽四輪乗用車の相次ぐ発売は、パブリカのさらなる伸び悩みをもたらした。トヨタ自工は、自販の要請に応じデラックス車の開発に乗り出して、一九六三年七月、パブリカデラックスを発売する。「多少価格が上がってもよいから、外観をより美しく、装備品をよりぜいたくにせよ」という市場の声に耳を傾けたためである。結果的に、「夢と楽しさ」を感じることのできるパブリカデラックスの販売は急伸した（トヨタ自販編『モータリゼーションとともに』）。

パブリカによる大衆車市場の開拓に取り組んだトヨタは、サラリーマン層を中心とする個人、もしくは家庭を主たる顧客層として自動車販売のあり方を模索した。それは、従来のタクシー会社、法人を対象とした販売活動に大きな変化を強いるものであった。

サラリーマン層の所得金額の季節変動を考慮して支払いの便宜を図った「ボーナス方式分割払い」は、ボーナス月に多く、他の月に少なく支払う方式であった。当時のポスターをみると、現金定価三八万九〇〇〇円、頭金一三万円、平月四七〇〇〇円の二〇回払い、ボーナス月五万四七〇〇〇円の四回払いという告知がなされている。また、団体信用生命保険の創設は、パブリカ代金の未済期間における購入者の事故に備えた保険であり、千代田生命保険相互会社と契約した。

5　フォードとの提携交渉

一九六〇年初頭から、朝鮮戦争の時以来途絶えていたトヨタとフォードの提携交渉が再び始まった。日本経済の発展と自動車市場の拡大に着目したフォードと、貿易自由化に対応しようとするトヨタの思惑が一致したためであった。トヨタ側の交渉担当者が、神谷正太郎である。結果として、トヨタ自工、トヨタ自販、フォード三社合弁の会社設立によるパブリカの生産・販売を内容とするトヨタ側の提携案は、不調に終わった。フォードからの技術導入や輸出の増進を目論むトヨタ側の意図は、実現しなかったのである。

この交渉について、神谷はつぎのようにその意図と経緯について語っている。

交渉はまとまりませんでしたが、私の考えでしたね。結局、トヨタ側の、これは石田退三さん（当時トヨタ自工社長・現相談役）の意向だったけれども、当時はパブリカをつくろうということだった。パブリカをつくるにあたって、フォードと提携をして、新会社をつくろう、それはトヨタ自工とは別に、第二トヨタ自工みたいのをつくって、そこで大衆車をつくろうという発想で話が進んだわけです。

その出資比率もいろいろ合議されトヨタ六（トヨタ自工四、トヨタ自販二）、フォード四の案も出たんですが、トヨタ側の考え方として、その会社がうまくいった暁に、本体に合体しようと、こういう提案をしたわけです。いうなれば、非常に虫がいい話でして、非常に危険なときはフォードに頼むよといっておいて、それが軌道に乗ってきた段階では、本体に吸収合併するということですね。こいつはフォードにとってはうまみがないということが一つあった。

それからもう一つは、フォードが別会社だけではなくて本体にも資本参加を要求したんです。トヨタとしてはそれはもう「ノー」といわざるをえない。そういう諸条件に対して、フォードもトヨタも互いにうんとはいわなかったという状況だったわけです（「戦後産業史への証言（中）」）。

この交渉を含め、戦前から五度の外資提携交渉のうち、四度にわたって担当者として活躍したのが神谷である。そのすべてがフォードとの交渉であった。第一回交渉は、一九三八年から三九年にかけて行われ大筋で合意に達していたが、陸軍の反対で中止された。三九年二月に作成された「覚書」によれば、トヨタの日本フォードへの資本参加、日本フォードからトヨタへの技術援助によるフォード車の生産という内容が盛り込まれていた。

第二回交渉は、日産自動車を含む三社合弁会社設立に関するものであったが、一九三九年一一月、

「日本フォード自動車株式会社日産自動車株式会社豊田自動車株式会社契約書」が作成されたのち、日米関係の悪化と日産自動車からの異論などで立ち消えとなった。第三回交渉は、一九五〇年六月の朝鮮戦争の勃発によるアメリカでの規制強化のもとで実現に至らなかった。神谷が交渉の窓口を務めたこれら四度の提携交渉は、そのいずれもが自動車先進国からの乗用車技術の導入を主な目的としていたのである。

前章で述べたように、戦後の自動車市場に流入する外国車に抗して、政府は将来の国産化を条件に、メーカーに外資との技術提携を認め、乗用車技術の吸収を図ることにした。そのような動きのなかで、トヨタは他社に先駆けて、神谷を中心にフォードとの提携交渉を重ねた。この交渉は、フォードとの合弁会社設立を軸に、フォード・コンサルの国産化をめざしたものであったが、朝鮮戦争の影響で不調に終わった。

一九五〇年一〇月、フォードとの提携が頓挫して帰国した神谷は、帰国後の記者会見でつぎのように語っている。

アメリカの自動車の供給不足は今後数年は続くだろう。つまりアメリカの有力な会社は需要に追われて輸出する余力はないから、日本への輸出も当分はできないだろう。この期間に日本の自動車会社は生産の合理化を促進させ、いつでも外国車と競争しうる態勢にまでもってゆかねばならない

（トヨタ自動車編『創造限りなく』）。

フォードとの提携が頓挫した結果、トヨタは純国産車開発の道を進むことになった。一九五一年二月、「生産設備近代化五か年計画」をまとめ、生産設備の近代化に投資して生産能力を拡充し、生産能力を二倍の月産三〇〇〇台に引き上げる野心的なものであった。六月には、前にみたように「外国自動車譲受規則」が制定され、中古車とはいえ在日外国人保有の車の払下げが正式に認められた。また、それに加えて、軍人、軍属などを対象とした輸入乗用車も急増した。

トヨタは、一〇月、トヨペットSF型乗用車を発売し、タクシー業界に好評であったが、多くの部品をトラックと共用し、機構的にはトラックの域を出なかった。

トヨタにおいては、乗用車に関する基礎的な研究は進んでいた。いっぽう、占領軍の軍人、軍属用としての外国車の持ち込みや輸入は例外的に認められており、その後、日本人へ転売されていた。これらの背景もあって、すべての部品を新規に設計した本格的な乗用車が構想され、一九五二年一月から新型乗用車の開発が始まった。その成果は、一九五五年、純国産乗用車として一五〇〇ccの「トヨペット・クラウン」として結実した。タクシー業界からの要望を受けて、観音開きドアを採用した六人乗り四ドアセダンであった。

結果的にみれば、パブリカ、クラウンとともに、フォードとの提携交渉の頓挫を受けての開発であったが、トヨタの姿勢が変わったわけではない。

神谷は、トヨタの外資に対する基本的なスタンスについて、つぎのように説明している。

自動車は国際商品である。国籍や人種が異なっても、自動車に期待する機能や効用は同じであるからだ。自動車産業が、単に国内のみならず、国際的な競争関係に着目していなければならないと考えるゆえんである。

トヨタが過去五回にわたり外資との提携を試みたのは、もちろん、その時々のトヨタをとりまく経営環境のしからしむるところであったが、その底流には「学ぶべきは学ぶ」という喜一郎氏の技術に対する謙虚な姿勢と、「自動車は国際商品」であり、「外資との協力が輸出政策の展開に活用できる」とするわたくしの考え方があった。提携交渉そのものは、いずれも不調に終りはしたが、この考え方は今日に至るも不変である（神谷「私の履歴書」）。

第8章　王道を歩む

1　開放経済に向けて

第二次世界大戦後、わが国の貿易体制においては、一九四七（昭和二二）年六月、GHQが制限付きで民間貿易の再開を許可し、一九四九年に制定された「外国為替及び外国貿易管理法」によって輸出貿易の統制が基本的に撤廃されたが、輸入貿易については、幼稚産業保護の観点から統制が続き、通商産業大臣による外貨割り当ての制限が行われた。その後、一九五二年四月の対日講和条約の発効によって、わが国経済も国際経済社会に復帰を認められることになった。

わが国は、一九五二年八月、IMF（国際通貨基金）に、五五年九月にはGATT（関税と貿易に関する一般協定）にそれぞれ加盟した。これらは、いずれも通商の自由、貿易・為替の差別的待遇の撤廃を標榜しており、これらへの加盟は、早晩、為替管理と輸入統制の撤廃を実施することを意味していた。

戦後の過渡期に限って、日本は国際収支上の理由による輸入制限を許されたGATT一二条国の地位にあったが、工業製品の輸出の伸長により国際収支の均衡が達成できるようになると、国際収支上の理由により貿易制限が認められない一一条国への昇格が大きな課題となった。市場開放を求める国際的な圧力のもとで、一九六〇年六月、池田内閣は「貿易・為替自由化計画大綱」を策定した。輸入制限を廃して関税へ切り換える方向に転換したのである。そして、一〇月、貿易自由化計画大綱を閣議決定し、開放経済への道を歩み出した。

わが国は、輸入自由化の実施により、一九六三年二月にＧＡＴＴ一一条国に昇格し、六四年四月にはＩＭＦ八条国に移行した。また、同月、ＯＥＣＤ（経済協力開発機構）に加盟し、加盟国として資本の自由化を義務付けられた。

貿易・為替の自由化措置を契機として、国内での競争圧力は高まり、国際競争力を強化するための体制整備が主要産業で活発になった。ＯＥＣＤへの加盟に伴い資本の自由化義務を負った日本は、一九六七年九月「対内直接投資自由化についての基本方針」を閣議決定し、対象業種ごとに外資比率を規定する部分的な自由化に踏み出した。

2　貿易・資本の自由化と競争の激化

一九六五年一〇月、完成乗用車輸入の自由化が実施された。その前後の一九六四年から六六年にいたる輸入乗用車の登録台数と乗用車市場シェアをみると、九八〇〇台余りから一万四〇〇〇台弱へと急増はしたが、市場シェアは二・四％から二・二％に推移したのみで、一九六九年時点でも一万七〇〇〇台、〇・八％にすぎず、巷間いわれたような自由化によるわが国の自動車産業への打撃は認められなかった。

その理由に関して、業界団体史は「まだ関税が相対的に高かったこと、各国メーカーが少量高利益追求政策をとったこと、補給部品等サービス体制が不十分だったこと、さらには、国産車の品質が向上してきて対抗できたことなどである」との指摘を行っている（日本自動車工業会編『日本自動車産業史』）。

ところで、貿易自由化を控えた一九六〇年代初め、国際競争力の強化をめぐって官民の動きは激しかった。一九六一年六月、通商産業省の産業合理化審議会資金部会が打ち出した「乗用車三グループ構想」が発端となり、自動車産業における企業間競争は激しさを増していった。

同構想は、乗用車産業の国際競争力強化の方策として提案されたものであった。一九六四年度以降、自由化に対応するため、乗用車メーカーを量産車（一九六三年に月産七〇〇〇台、二社を想定）、特殊乗用車（高級乗用車、スポーツカー、小型ディーゼル車、三社を想定）、ミニカー（軽乗用車）の三つのグループに分け、乗用車の専門生産体制を整備させて、コストダウンを実現するという意図を有していた。ただ、この構想が先発メーカーの利益を優先し、後発メーカーの発展の機会を奪うという問題を浮き彫りにし、乗用車分野へ参入したり、軽四輪から上級車へ進出したりする動きをかえって促す結果となった。

二輪車メーカーである本田技研工業が四輪車製造に乗り出したのは、先の三グループ構想を盛り込んだ特定産業振興臨時措置法案が一九六二年に準備されたことが直接の契機であった。新規の参入を規制する同法案が可決されれば、本田技研の四輪車製造は困難となることを危惧した同社は、一九六三年八月と一〇月、軽トラックT360、小型スポーツカーS500を擁して、急いで四輪車事業へ進出したのであった。

また東洋工業は、一九六〇年に三六〇ccクラスの乗用車に参入後、八〇〇cc、一〇〇〇cc、一五〇〇ccへと展開した。先の三グループ構想が世上を賑わすようになると、同社のフルライン化には拍車がかけられていった（四宮『日本の自動車産業』）。

いっぽう、開放経済体制に向けて国際競争力を備えた産業構造のあり方について調査研究をすすめていた通産省産業構造調査会は、一九六二年四月、重工業部会に乗用車小委員会を設け、国産車の性能、品質、価格面の調査研究を行った。一〇月には乗用車政策特別小委員会を発足させて、自由化の実施時期、外資導入対策をはじめ生産、販売など広範な課題を検討し、一二月には乗用車工業政策のあり方を通産大臣に答申した。答申の内容は、政策の方向性として、総合機械工業としての自動車産業のもつ経済波及効果を考慮し、一九六四年度末までに自由化が行われることを前提に国際競争力を強化すべく乗用車工業の生産と販売の体制を整備し、輸出産業としての基盤を確立するというものであった。

具体的には、車種の減少や提携・合併を通じた量産体制の確立、財政資金の重点的投入、自由化時期までに外車の輸入割当枠の増大、国産車価格の引き下げ、新規メーカーの参入抑制、販売金融体制の整備などを主な点としていた。この答申は、一九六三年の特定産業振興臨時措置法案にも盛り込まれ、国会に提出された。同法案は、貿易自由化とその後の資本自由化を控えて、国際競争力の強化を図る産業を指定し、合併や合理化のための共同行為を官民協調方式で推進することを企図していた。具体的には、国際競争力の弱い乗用車、特殊鋼、石油化学の三業種が指定されていた。しかし、自由な産業活動を官僚統制によって縛ることへの批判から産業界も支持せず、そのため与党自民党も積極的に法案成立に動かなかった。その結果、同法案は一九六四年一月の第四六国会で審議未了廃案となった。

ただ、自由化が既定路線であることは、わが国における自動車産業の競争のあり方を規定した。つまり、完成乗用車の輸入自由化を控えて、保護された期間内にできる限り欧米のメーカーに品質と価格の両面で追いつくための設備投資競争が展開された。極端な価格競争を避けて利益率を上げ、設備に投資することで国際競争力の強化をめざした。トヨタ、日産をはじめとして乗用車の量産工場建設と生産のオートメーション化が進められた。

表8―1は、設備投資に占める自動車関係投資の推移をみたものであるが、一九五六年から六五年にかけて一一倍強に増大し、自動車に占める四輪の割合についてみると五〇%から七八%程度に増加をみせている。設備投資に占める自動車工業投資額も、一九六七年に一〇%を突破した。国際競争力の強化を目的とした設備投資の結果、小型乗用車一台生産当たりの所要労働時間は、総組立部門にお

いて、一九六三年の三五・六七時間から一九六八年の一六・九二時間へ、そして一九七一年の一三・七四時間へと急激に低下して、労働生産性は著しく向上した（通商産業省通商産業政策史編纂委員会編『通商産業政策史 第10巻』）。

一九六〇年代のモータリゼーションの時代に、アメリカと異なり大衆化と多様化が同時並行的に進行した。そうしたなかにあって価格競争を回避するという環境も幸いして新規参入と下位企業の成長のための条件が醸成されていた。前に述べたように、後発の各メーカーは、技術難度の低い軽自動車を開発し、それを基盤に大衆車から小型車へ展開する道を選んだ。一九六〇年代前半、トヨタ、日産など先発メーカーは、一九〇〇ccクラスからスタートしたのに対し、後発メーカーは三六〇ccクラスから上向して、一〇〇〇〜一五〇〇cc前後のクラスがシェアの五〇％程度を占める主戦場となった。

その結果、数多くのメーカーが併存しつつ競争し、特に小型車の分野で激しい競争を繰り広げることになった。

表 8-1 設備投資に占める自動車関係投資

（単位：百万円，％）

	1956 年	1961 年	1962 年	1963 年	1964 年	1965 年	1966 年	1967 年	1968 年
合計	576,037	1,599,100	1,439,348	1,373,098	1,532,377	1,525,105	1,549,187	2,137,995	2,882,162
電力	154,605	350,452	351,437	326,806	301,612	352,675	366,004	399,361	493,517
鉄鋼	54,618	276,174	221,349	166,833	166,630	182,925	233,099	349,871	450,415
機械	47,730	349,300	314,773	251,712	305,540	272,020	273,030	470,396	596,441
（自動車）A	12,713	98,725	89,877	95,455	150,438	145,938	142,266	250,111	301,296
（四輪関係）B	6,312	70,834	65,373	69,566	107,408	113,272	100,570	194,769	242,862
B/A	49.65	71.75	72.74	72.88	71.40	77.62	70.69	77.87	80.61

（注）1．1967，68 年は支払いベース。
2．数値の誤りは修正した。

（出所）通商産業省通商産業政策史編纂委員会編『通商産業政策史第 10 巻―第Ⅲ期 高度成長期（3）―』通商産業調査会，1990 年，286-287 頁。
原資料は，通商産業省「民間設備投資の中間展望」1973 年（国立国会図書館調査立法考査局『わが国自動車工業の史的展開』1978 年，162 頁）。

一九六六年現在、一〇〇〇～一五〇〇cc前後のクラスに乗用車を投入していたメーカーは、日産、トヨタ、プリンス、いすゞ、日野、三菱、東洋工業、ダイハツ、富士重工業の九社を数える。各社入り乱れた販売競争は激烈をきわめ、確かな販売力の裏付けがない企業は、販売店の体質悪化をもたらして販売力を低下させ、業界再編の下地となった。

完成乗用車の輸入は、事実上、自動承認制が採られた一九六四年度から自由化されたが、正式には一九六五年一〇月に実施の運びとなった。完成乗用車の輸入自由化に官民挙げて対応したわが国は、引き続いて資本の自由化への対応を迫られた。業界は、品質とコストの面での競争力の向上に邁進したが、資本自由化にむけては業界再編による自動車産業の体質強化が求められることになった。一九六五年不況を機に需要の伸びは鈍化し、資本の自由化のスケジュールが現実的になるに及んで、各企業も他人ごとではなくなっていった。

これと前後して、大量生産と大量販売の体制づくりに明暗が分かれ、トヨタ、日産と下位企業での格差が明らかになるにつれて、資本の自由化への対策として業界再編の波が現実のものとなった。一九六六年から六七年にかけて、トヨタ自工・自販は日野自動車工業・日野自動車販売、ダイハツ工業とそれぞれ業務提携を結んだ。

これら一連の提携について、神谷正太郎は販売の立場からつぎのように述べた。

合併や提携は、当然のことながら、両社の間で各種の整理や調整を前提としている。生産面においては、車種の調整、部品の共通化、研究開発の相互協力などをはじめ、二重投資を回避するための方策がとられるわけだ。これらは、いずれも、それぞれに困難を伴う問題ではあるけれども、ほとんどが生産者レベルで処置しうる性格であるだけに、いわば、内部の問題である。

一方、販売面における調整は、一般のお客様、他人資本である販売店にかかわるから、自らの考え方を押しつけることは望ましくない。そこに、合併、提携劇において販売関係者が苦しまねばならぬ事由があるわけだ（神谷「私の履歴書」）。

トヨタ自工と日野自動車との提携について、当初、否定的であった神谷は、後年、つぎのように述べている。

今だから話すが、わたくしはトヨタ自工からの「トヨタ・日野提携」の提案を約2年間保留し続けた。それは、日野さんの販売面に問題があると判断していたからである。しかし、その間に提携による販売面への影響を慎重に調査し、その影響を克服する方策の検討を進めた結果、活路を見いだすこともできるという確信を得た。また、業界の状況も再編成ムードが高まりつつあったことから、タイミングを考えて、提携に踏み切る意思を固めたのである。なお、現在では、同社との提携は、相互に大きな効果があがっており、まことに喜ばしいことである（トヨタ自販編『モータリゼーションとともに』）。

メーカーの論理に終始しがちな動きにも、つねに販売店の立場に配慮を怠らなかった神谷の胸の内が吐露されている。神谷自身、「自動車業界における長い生活のなかで、やはり、貿易・資本の自由化とそれに伴って展開された業界再編成は、経営者として最大級の決断を迫られた事例の一つであった」と述懐している（神谷「私の履歴書」）。

一九六〇年代後半から七〇年代前半にかけて、トヨタグループ（トヨタ、日野、ダイハツ）、日産グループ（日産、日産ディーゼル、富士重工業）、本田技研工業、東洋工業、鈴木の独立三グループ、三菱、いすゞの外資提携グループに再編された。

貿易の自由化に次いで、資本の自由化に立ち向かう神谷の能動的な姿勢は一貫していた。一九六八年一一月、「自動車の自由化問題について」と題する講演のなかで、神谷はつぎのように語った。

政府は、現在のところ自動車の資本自由化時期を昭和47年（一九七二年—筆者）に予定しており、自動車業界内部でもそうした見方をとっている人が多い。しかし、わたくしは、はたして、実際にそのときまで外資の進出を阻止できるかどうかは若干の危惧をもっている。というのは、日本の自動車生産が世界第2位になり、アメリカのビッグ3の対日進出意欲が強いからで、特にフォード社の場合、ご承知のように、すでに韓国市場に進出したり、日本フォード社をもっていることからも進出意欲は強いと見なければならない。

こうしたことから、トヨタとしては、資本自由化は昭和47年ではなく、45年度末にも実施されるという心構えをもち、万一、そうなった場合にもあわてることのないように、それまでに量産体制と量販体制の強化を進めていくつもりである。45年度末までに、150万台の生産・販売体制を確立しておけば、自由化後もじゅうぶん外資と競争していけると思うからである（トヨタ自販編『モータリゼーションとともに』）。

また、その後の記者会見では、つぎのように語った。

もはや、わが国が自動車の資本自由化に関して全面的に門戸を閉ざしておくことは困難となってきた。アメリカへの日本の自動車輸出がふえており、いつまでも来るものは拒むという姿勢は考えものだ。やはり相手の立場を考えながら物事を判断していくという姿勢が必要である。だから、相手に一つぐらい抜け道を与えてやってもよいのではないか。これは、たとえばの話だが、われわれの主力車種である小型車と直接競合しない3000cc以上の車種に限って日本でのノックダウン生産を許すことも一つの方法である（同前）。

自由化が早まる可能性を念頭に、早期にそれに対応できる体制を整えておくという神谷の情勢判断は、資本の自由化が一九七一年四月に繰り上がったことで正しかったことが証明されたのである。

政府が一貫してめざした少数企業への統合とそれによる量産効果の発揮という業界再編策は奏功せ

ず、保護への動きがむしろ新規参入を促進して競争環境をつくりだした。そのうえ、資本の自由化を前に、国内市場での地位を盤石にしようとする業界再編と生産力の増強は続けられた。相対的な生産力の過剰は、販売競争の激化をもたらすことにつながっていく。

3　販売力の増強

一九六〇年代の大衆車以上の乗用車業態別購入比率における個人の比率は、一九六三年を境に上昇し、六七年には四〇%に達する勢いであった。一九六〇年前後の法人自家用を中心とする需要は、個人自家用を中心とする本格的なモータリゼーションを迎えたといってよい。ユーザー層は、タクシー・ハイヤー業者など従来の自動車に一定の知識を有する層から、不特定多数の知識をもたない層にまで拡大していった。多数の企業が入り乱れて、これら不特定多数のユーザー層の開拓に乗り出していった。

厳しい販売競争を前に、神谷は一九六三年一月、全国販売会社代表者会において、つぎのように述べた。

自由化を目前にして、各社とも新車種の開発と設備の増強を図っており、企業間競争はますます激しさを増すであろう。一部に、自由化までの販売量の伸長が、そのまま自由化後の企業の消長に直結するという見方があるが、わたくしは必ずしもそうは思わない。もちろん、量販を果たして量産をたすけ、コストダウンを促進することが当面の悲願ではある。また、自由化までに業界首位の座をいっそう強固にしておく決意を堅くしていることは申し上げるまでもない。しかしながら、これを急ぐあまり、万が一にも、あなた方販売店の力を弱めるようなことがあってはならないと考えている。自由化までの販売競争の帰趨が販売力の差によって決まるように、自由化後の企業の消長もまた販売力にかかっているのである。こうした意味において、わたくしは、他社のやり方には若干の疑念を禁じ得ない。

われわれは、あくまで、販売店、トヨタ自工、当社（トヨタ自販―筆者）が三位一体となった総合力の強化を図っていくつもりである。激しいシェア競争のなかで、量販を果たしつつ販売秩序を維持し、経営体質を強化していくことは、決して容易なことではない。われわれとしても、できる限りの協力と援助は惜しまないつもりであるが、各位におかれても、いっそうの企業努力を払われるようお願いする次第である（同前）。

神谷の真意は、一時の勝利をめざすのではなく、販売秩序の維持と経営体質の強化を果たし、販売力の質的な向上を図ることであった。そこには、覇道を歩むのではなく、王道を歩む姿勢が窺われる。事実、一九六五年の不況に際して、神谷はトヨタ自工に対して、「市場の情勢からみて、このまま増産を続けることは販売店に在庫圧力をかけることになりきわめて危険である。ここは、減産して景気回復を待つべきである」ことを申し入れている（同前）。

この時期の神谷の対応に影響を与えていたのは、先にも述べた一九六二年一二月の通産省産業構造調査会重工業部会乗用車政策特別小委員会の報告であった。同報告は、貿易自由化に対処するために自動車工業のあるべき姿を政策面から提起したものである。そのなかで、神谷が特に意識していたのは、「販売流通秩序の整備と販売金融体制の整備を促進する」という内容であったと思われる。乗用車の輸入自由化を前にメーカーが対策を講じたとしても、販売流通機構の拡充整備、販売資金供給の円滑化と一体でなければ機能しないということを、神谷は重く受け止めていたであろう。

乗用車の輸入自由化を控えて、自動車販売業界も海外メーカーの販売サービス体制に関心を向け、そのディーラーマージンと販売金融資金の潤沢さに比して、わが国の自動車業界の受信能力の乏しさを問題視した。こうした状況を受けて、同委員会は販売流通機構の合理化について基本的な方向を提起した。とりわけ喫緊の課題として認識されたのは、割賦販売制度の正常化であった。

一九六一年七月、割賦販売法が公布されてはいたが、競争の激化の下で、頭金の低下、支払期間の延期の傾向が募って、販売業者の経営は悪化の一途を辿った。以降、割賦販売制度の適正化が官民あげて追求され、一九六九年一〇月、割賦販売審議会金融部会に設けられた自動車分科会が「自動車の割賦金融体制の今後の方向」をまとめた。そのなかで、資本自由化に対処するために、自動車業界の販売秩序の確立、販売業界の体質強化が強調された（通商産業省通商産業政策史編纂委員会編『通商産業政策史　第10巻』）。

神谷は、こうした行政や競合企業の動向、市場動向などを睨みながら、販売流通機構の拡充に手を打っていった。

トヨタの販売網は、一九六〇年代に入って増強が顕著であり、一九六〇年から六九年にかけて一四二の販売店増強がみられる。一九五〇年から五九年にかけて、六二店の増強であったことを考慮すれば、その増加率は高い。また、一九六九年末現在、トヨタ店、トヨペット店、トヨタディーゼル店、カローラ店、オート店の五系列で二五一店、セールスマン数は一九六二年の六三〇〇人から、七〇年三月時点では一万九九〇〇人まで増強されている（トヨタ自販編『モータリゼーションとともに―資料―』）。参考までに、一九七〇年の日産自動車の販売網は、日産店、モーター店、サニー店、チェリー店、プリンス店の五系列で二八一を数える。ただ、トヨタの系列販売店がほとんど企業家精神にあふれる地場資本によるものであるのに反し、日産の系列販売店の四四％は、三〇％以上日産の資本が入るものであることには注意を要する（四宮『自動車流通の経営史』）。

トヨタに比して日産は、自動車市場が急成長を遂げた一九五〇～六〇年代にかけて、出資と役員派遣によって販売店に対する支配力を強化していった。それはトヨタとの競争上短期間に販売網を構築するために直接出資せざるを得ないという事情が影響しているし、販売店の経営不振により販売の空白区が生じる恐れがある場合に、経営再建のためにやむなく出資するというケースもあったためである。

一九六七年のトヨタオート店系列の新設は、「大衆車市場の急成長に見合った大衆車販売体制の増強が不可欠である」という見通しのもとに実施され、「地元の新資本と人材を集める」という設立の基本方針には、神谷の考えが貫かれている（トヨタ自販編『モータリゼーションとともに』）。のちに、トヨタカローラ南海の久保惣太郎は、つぎのように述べている。

車の販売は、その地元の出身者でないと売りにくいものだ。地元とのつながりの強さが重要なポイントだ。トヨタのディーラーを見た場合、地元資本を重視する自販側の姿勢が大きなプラスを生んでいる。本社の直営ディーラーが多い日産は、地元人ではなく、他人経営が多い。この両者のディーラーづくりの相違が、販売力、収益力の差を生んでいる（矢島『カープロフェッショナル』）。

筆者らが直接インタビューした清水榮一は、日産自動車から福井日産モーターへ出向したときのことを、つぎのように語っている。地場資本のメリットを痛感させるエピソードである。

ある病院の院長先生から「清水君は旅の人なんだろ、何年か後には帰っちゃうんだから、おまえさんから車は買わないよ」なんて人の前で言うわけですよ。「おっと先生、そこまで言われちゃ俺も立場がないですよ」と私も言うんだけど、あれ本音ですね。「あんたから買ったって、どうせ他へ行っちゃうんだろう。だったら相模さんのところから買ってあげたほうが、今度うちの病院に患者を紹介してくれる」と。相模さんって福井トヨタの方ですけど。確かに、その通り互恵関係が築かれているんです（宇田川・四宮・芦田編『清水榮一オーラル・ヒストリー』）。

神谷は、一九七〇年度を資本自由化対策の完了目標年度に定め、販売体制を着々と整えていったのである。神谷が採った販売体制の強化は、生産体制強化のテンポと軌を一にしていた。それについて神谷の言葉を借りよう。

元町北工場を建設いたしますね。これはパブリカ、つまり大衆車専用工場ですね。元町工場はクラウン、コロナですから大衆車じゃありません。それに対応して自販の方は、大衆車専売網を創設したわけです。その後、トヨタ自工が豊田市に高岡工場をつくりますね。これはカローラを生産する工場なんです。そのときに、このパブリカを売るための大衆車販売網を格上げして、直ちにじゃないですが、後にカローラ店と称したわけです。そのカローラの変形モデルである、スプリンターという車をつくろうということを決めたときに、自販側は、第四のチャネルのトヨタオート店系列というのを四三年（四二年の誤り─筆者）につくっている。そういう形で、トヨタ自工は新車種新工場、トヨタ自販は新商品を売る販売網という形で、つねにリンクしてきている（「戦後産業史への証言（中）」）。

新型乗用車の発売にあわせて、販売店系列を新設した。パブリカの発売とパブリカ店（後にカローラ店と改称）、スプリンター発売とオート店の設立、がこれである。なお、トヨタ自工は、新乗用車に新工場、という体制づくりを行った。「体制の強化は生産が先行しても、販売が独走しても経営上のバランスを欠く。その両方を同時的に強化することが経営の初歩である」と考えたからだ（神谷「私の履歴書」）。

日産の販売チャネルは、神谷によればトヨタ自販に三年から五年ほど遅れて設置されている。トヨタ自販が複数販売店制を導入し、第二チャネルのトヨペット店を設置したのは一九五三年、第三チャネルのパブリカ店は一九六一年、第四のチャネルのトヨタオート店は一九六七年であったが、日産のそれは、一九五六年のモーター店、一九六六年のサニー店、一九七〇年のチェリー店という具合であった。

これについて神谷は、「日産さんがバンカーであって、きわめて慎重な政策をとられた。それから、販売体制と生産体制を同時的に強化するというところまで、手が回らなかった。まず生産体制を強化して、生産体制のほうができ上がったら、その次に販売店体制を強化すると、そういう跛行現象があった」と指摘している（「戦後産業史への証言（下）」）。

神谷の「日産さんがバンカーであって」という発言には、日産の大衆車市場への関心の低さという視点から、多少の説明が必要であろう。当時、日産の経営を担っていたのは、メインバンクの日本興業銀行から日産に派遣された川又克二であった。川又の銀行マンとしての慎重さと、つぎにみるような日産の歴史は近視眼的な経営行動を余儀なくしていった。

日産は、戦前戦後を通じて欧米企業と提携することで、大ロットによる生産を指向し、大量生産を円滑に進めるために多くの在庫を許容した。また、戦後の長期にわたった深刻な労働争議の経験は、労使関係の混乱を回避するために現場従業員の労働強化につながりかねない問題には手を付けず、設備の新鋭化とオートメーション化を通じて生産性の向上をめざす方向に向かわせた。日産の商品開発はその方向に沿って行われていく。言い換えれば、付加価値の高い製品や市場の中核的なセグメントに重点をおくことで投資額の早期回収を指向した。その意味で、一九五五年の国民車構想に対応するかたちで低廉な大衆車の開発に乗り出して市場を育てる方針を貫いたトヨタとは対照的であった。

日産は、一九五〇年代後半のハイヤー、タクシー市場と六〇年前後の法人自家用市場の伸びに、一〇〇〇ccクラスのブルーバード（五九年）と一五〇〇ccクラスのセドリック（六〇年）で対応し、一九六〇～六二年の乗用車新車登録シェアでトヨタを凌駕した。

しかし、市場の様相は、一九六〇年代を通じて大きく変化しつつあった。六〇年代は、国内市場の急成長と並んで質的な変化も進んだ。一九六〇年代も半ば頃から、国内新車登録に占める乗用車の割合は増勢に転じ、その用途も営業用から自家用へ、ユーザーも従来の法人に代わって個人が登場し、次第にその比重を増していった。

一九六〇年代に入って、国民所得の伸びも著しく、それと呼応するように六一年のトヨタ・パブリカ、六二年のマツダ・キャロル600、六三年のダイハツ・コンパーノ800、ホンダS

500、六四年のマツダ・ファミリア800など、七〇〇～八〇〇ccクラスを中心とした大衆車市場が形成されつつあった。大衆車市場は、一九六一年から対前年比で毎年一五〇～一六〇％もの伸びを示した。トヨタが投入したパブリカは、六二年には大衆車市場の七四％を獲得した。

いっぽうで、日産が大衆車に関心を示すことはなかった。一九五〇年代から市場の底辺拡大を指向してきたトヨタは、一九六一年いち早く七〇〇ccのパブリカをエントリー・カーとして市場に投入した。そうした動きとは対照的に、日産は、「日本と欧米の所得格差を比べれば日本の大衆車時代はまだ先」（川又克二追悼録編纂委員会編『川又克二』）という川又の認識が、個人ユーザーの掘り起こしに結びつくような大衆車の開発を遅らせた。しかも、所得のあまり高くない層はブルーバードの中古車に乗ればよいという主張を繰り返し、主力車種ブルーバードの販売に障害とならないようにした。利益率の低い大衆車は、日産にとっては魅力のないものでしかなかったのである。

日産の市場の中核を狙う戦略は、エントリー・カーによって新規の免許取得者と軽乗用車からの買替需要組をパブリカに吸収し、さらに小型車、中型車へとグレード・アップしていく個人需要に万遍なく対応できる商品構成を指向したトヨタとは異質であった。トヨタにとっては、パブリカの販売を通じて、大衆車販売の手法、消費者情報、消費者の大衆車に対する考え方などを学習したことが、その後のカローラ開発に役立っている。

パブリカの発売と呼応して、大衆車店パブリカ店（六九年以降カローラ店と改称）を展開して大衆車市場の掘り起こしに力を注ぐとともに、六七年には、前にみたように、第二の大衆車チャネルとしてトヨタオート店を創設して大衆車の量販体制をつくりあげたのであった。神谷が述べたように、トヨタに比して、日産の大衆車路線への消極的姿勢は、販売チャネル設置の出遅れにも表れた。

この間、乗用車新車登録シェアでトヨタに差をつけられる日産は、シェア奪回を期して販売店への押し込みを強化した。販売店の求めを無視した出荷は、日産の売上げとなるいっぽうで、販売店経営には大きな負担となった。結果として、販売店は値下げを繰り返しつつ台数をさばき、メーカーからのリベートに依存するようになる。表8―2にみるように、日産の売上高に占めるリベートの割合は、一九六〇年代半ば以降トヨタを超え、増加傾向を示している。

また、販売店の資金繰りに問題が生じると、日本興業銀行を紹介して融資の便宜を図り、川又は出身銀行に恩を売った。地場資本の販売店の経営が行き

表8-2　売上高に占めるリベートの割合

（単位：円，％）

年	日産			トヨタ自販		
	売上高（A）	リベート（B）	B/A	売上高（C）	リベート（D）	D/C
1961	46,192,728,000	264,366,000	0.57	55,343,448,000	447,831,000	0.81
1962	65,552,666,000	561,230,000	0.86	73,355,884,000	600,279,000	0.82
1963	78,748,230,000	768,521,000	0.98	85,161,575,000	868,364,000	1.02
1964	100,439,676,000	1,073,879,000	1.07	114,066,156,000	1,207,567,000	1.06
1965	106,270,921,000	1,795,924,000	1.69	131,239,648,000	1,569,759,000	1.20
1966	110,077,966,000	1,963,489,000	1.78	139,750,882,000	2,046,885,000	1.46
1967	173,295,307,000	1,694,273,000	0.98	193,190,712,000	1,884,686,000	0.98
1968	227,951,828,000	2,139,361,000	0.94	257,379,020,000	2,827,688,000	1.10
1969	296,285,804,000	4,823,580,000	1.63	337,889,241,000	3,852,666,000	1.14
1970	354,622,479,000	6,538,778,000	1.84	417,985,885,000	4,978,774,000	1.19

（注）1．リベートとは，日産は販売奨励金，販売褒賞金，トヨタ自販は納入諸掛費の科目に計上されている数値である。

2．各年，3月31日の数値を示す。

（出所）各社『有価証券報告書総覧』より作成。

詰まると、日産の資本と人材を注入していく方法が採られていった。

モータリゼーションが進展した一九六二年から六五年にかけて、日産から販売店への貸付金は増大して七四億円余、トヨタの六倍に達した。また、すでに述べたように、一九七〇年時点で、四四%もの販売店が、日産が三〇%以上の出資を行っている状況となった。こうした日産の振る舞いは、神谷にとって反面教師となった。

地場資本の販売店経営には、地場の有力者が関わっており、自動車販売を含む他の事業も営むケースも少なくなく、自らの事業はいうまでもなく、関係を持つ他の企業にも自動車の販路は広がる。それに加えて、地場資本販売店は、自ら経営上のリスクとしてメーカーからの押し込みには警戒を示すとともに、安定的な収益源としてサービスや中古車に伴う投資も長期的な視点から積極的な姿勢を示す。地場販売店にとって、リベートのもつ意味は、自らの努力の結果ではなく、当座の施しでしかなかった。神谷は、こうした状況を看破していたのである。

4　国内販売五万台の実現へ

一九六六年八月一日、日産自動車はプリンス自動車工業と合併した。同日付の日本経済新聞は、「自由化を控えて自動車産業の国際競争力強化という国家的見地から」実現したものという論評を加えたが、事はそう単純ではない。実態としては、激化する自動車販売競争のなかでプリンス自工の業績に陰りがみえ、大きな痛手を被らないうちに身売りするほうが得策であるという判断が、プリンス自工側でなされたことは疑いない。

一九六〇年代に進行したモータリゼーションの動向を十分に認識することができず、大衆車需要の開拓に出遅れていく日産と、あくまでも高級車路線を貫くことで技術をセールス・ポイントにおこうとするプリンス自工の経営は、両社の利益率を低下させ、その商品力と販売力の脆弱性を露呈した。経営指標のいずれの点でもトヨタに差をつけられる日産の経営陣は、焦燥感にかられていた。トヨタとの格差を一挙に縮める起死回生の策として、また、自由化対策を標榜する政府に恩を売る意味でも、プリンス自工との合併は魅力的に映った（四宮「日産自動車の経営戦略と

表 8-3　トヨタ，日産の勢力比較

（1966 年 8 月 1 日現在）

項目		トヨタ	日産
メーカー	資本金	自工　382.5 億円 自販　120.0 億円	398 億円
	従業員数	自工　23,000 人 自販　2,500 人	31,500 人
実績	生産	275,018 台 33.8	263,345 台 32.4
	登録	232,528 台 35.1	199,347 台 30.1
	輸出	36,234 台 32.6	45,252 台 40.7
販売店	店数	184	270
	従業員数	52,271 人	52,552 人
	車両セールスマン数	11,641 人	12,836 人

（注）1．実績は 1966 年 1～7 月累計、下段はシェア。
2．販売店関係は 1966 年 10 月現在。
3．日産には旧プリンスを含む。

（出所）トヨタ自動車販売社史編集委員会編『モータリゼーションとともに』1970 年，397 頁。

その帰結」)。

表8―3にみるように、日産・プリンス合併時点のトヨタとの勢力の違いは、輸出を除けば主に販売店数にとどまっており、むしろ生産と販売実績ではトヨタに軍配が上がる。そうした状況のなかで、日産の新聞広告が大きな波紋を投じることになった。一九六六年八月一日の全国主要新聞朝刊に打たれた合併告知広告には、「日本最大の自動車メーカー誕生」「世界の日産」という文句が躍った。

生産と販売の面での実績を誇るトヨタにとって、この広告は挑戦と受け止められた。トヨタ自販においても、神谷は即座に反応した。一九六六年九月~一一月にかけて「オールトヨタ五万台達成コンテスト」を実施したのである。

神谷は、コンテストの社長決裁を下すにあたって、意思決定の経緯についてつぎのように述べた。

　わたくしは、もともとセールスコンテストは好きではない。セールスコンテストは、どうしても販売店に

(出所)『朝日新聞』1966年8月1日朝刊。

写真⑧　新聞広告

無理をさせる結果になるからである。あの時、車両本部と販売拡張部が企画してきた「オールトヨタ・セールスコンテスト」は、きわめて広範囲にわたるものであったから、のちのちのことを考えれば、あまり賛成しかねるものであった。しかし、率直にいって、わたくしも「日本最大の自動車メーカー誕生」には、いささかひっかかるものを感じていた。トヨタ販売力の底力を立証したい衝動にもかられていた。そんなわけで「一度だけ販売店の人たちにご無理願おうか」という気持ちになったのである。ただし、関係部署には、くれぐれも、その反動が長びかぬよう、万全の配慮を指示しておいた（トヨタ自販編『モータリゼーションとともに』）。

オールトヨタ五万台達成コンテストは、国内販売五万台達成を梃子に、オールトヨタの連帯感を促進するとともに、次なる飛躍へ結びつけるという目的をもって、一九六六年九月～一一月を実施期間として行われた。その対象は、国内全販売店、全車種として、最終月の一一月に月間販売目標五万台突破を達成することが企図されたのである。

コンテストのスタートにあたって、全国トヨタ店代表者車両部長会議の席上、神谷はつぎのように述べた。

このたび、日産、プリンスの両社が正式に合併し、日本一のメーカーを標榜していることは、すでに皆さんご承知のとおりであります。しかし、資本金や従業員数で抜かれたとはいえ、台数やシェアでは、われわれが依然業界のトップであり、また、今後もトップでなくてはならないと思います。きょうは、今後も業界の首位の座をますます強固にするためのお願いを申し上げたいと思います。それは、今月から開始したオールトヨタ5万台達成コンテストに関してであります。ご承知のように、わたくしは、貴方がたにご無理をかけるこの種の催しものは、極力避けてきましたが、今回のみは、あえて実施したのであります。わたくしは、ぜひとも、5万台を達成したいと考えております。その理由は、いわずもがなでありましょう。もちろん、貴方がたに与えられた目標台数は、きわめて大きな数字であり、これを達成するのは、並たいていのことではないことはよく存じ上げております。しかし、わたくしは、それを承知の上で、あえてお願い申し上げているのでありますます。どうか、わたくしの気持ちをじゅうぶんご理解下さり、何分のご協力をお願い申し上げる次第であります（同前）。

コンテストは、一一月、成功のうちに終わった。しかも、目標をはるかに上回る五万九〇〇〇台の販売を達成した。第二位の日産を一万七千台ほど凌駕したのである。この結果について、神奈川トヨタ自動車専務取締役の上野健一郎は、つぎのように述懐した。

あのコンテストには本当に興奮した。それは、もちろん、賞品目当てではない。正直なところセールスコンテストの賞品や賞金は興奮するほどのものではない。わたくしは、神谷社長の例の演説をきいていて興奮したのである。あのときの神谷社長の口ぶりや顔つきで、社長の決意が容易ならぬものであることを感じた。「万一、わたくしのところが、責任台数を販売することができなかったがために5万台を割るようなことがあったら、神谷社長に申しわけがたたぬ。石にかじりついても目標を達成しよう」と決意したものだ。他の販売店も同様な考え方ではなかっただろうか。もちろん、神谷社長が心配されていたように、コンテストの反動はあった。その対策に苦慮した販売店があったことも事実だろう。

しかし、5万台突破により、それまで日産の「日本一のメーカー」に対してもっていたモヤモヤした気持ちが晴れ、新たな自信がわいてきたことは事実である。それにしても、販売店の心をこれほどひきつける神谷社長の偉大さをいやというほど再認識させられたイベントであった。今日振り返ってみると、5万台達成コンテストは自己への挑戦であったが、結果的には日産との天下分け目の合戦でもあったように思われる（同前）。

オールトヨタ五万台達成コンテストの成功は、資本自由化を控えて、トヨタ販売店の紐帯を強め、その実力を見せつけることになったのである。

5　社会的責任を自覚して

一九六〇年代におけるわが国の自動車産業の発展はめざましく、わが国産業別生産額の第一位を占めるとともに、産業別輸出金額では一九六七年から鉄鋼、船舶に次ぐ第三位の地位に上昇した。

高度経済成長に伴う国内貨物輸送量の増加は著しく、総輸送量は一九六〇年度の一三八三億トンキロから一九七〇年度には三五〇二億トンキロに急増し、その輸送分担率をみると、一九六〇年度の内航海運四六・〇%、鉄道三九・〇%、自動車一五・〇%から、一九七〇年度の内航海運四三・二%、自動車三八・八%、鉄道一八・〇%に変化した。物的流通量の拡大に対応して、自動車はその機動的な輸送手段として大きな役割を果たすようになった。

また、旅客輸送における変化もみておこう。国内旅客総輸送量の変化を、一九六〇年度と一九七〇年度で比較すると、二四三三億人キロから五八七一億人キロに二・四倍もの増加を示した。その輸送分担率をみると、一九六〇年度は鉄道、自動車、旅客船、航空の順で、鉄道は七五・八%を占め、自動車は二二・八%にすぎなかった。しかし、一九七〇年度になると、自動車が四八・四%で、鉄道は四九・二%に後退した（日刊自動車新聞社編『自動車産業ハンドブック一九九九年版』）。

さらに、一九六〇年代は乗用車の保有台数は顕著な伸びを示し、一九六〇年の四六万台から一九六九年の六九〇万台に飛躍的に増加した。同期間に乗用車一台当たり人口は、二〇八人から一五人となり、乗用車保有の大衆化が進んだ（トヨタ自販編『モータリゼーションとともに―資料―』）。

以上述べたような自動車産業の位置づけの変化と自動車の大衆化は、自動車のもつメリットに止まらず、その社会性にも人々の目を向けることになった。その契機となったのが、一九六九年六月一日の『朝日新聞』が報じた欠陥車問題であった。同記事は、ニューヨークタイムズの記事を受けたもので、輸入された日本車がアメリカのリコール制度を採用せず、独自の方法でリコールしていることを批判した内容であった。『朝日新聞』の記事には、「欠陥なぜ隠す」「安全性より営業優先」という見出しが躍っていた。

アメリカで問題となったのは、日産の一九六八年型ブルーバード（一六〇〇cc）とトヨタの一九六八年型コロナであった。ブルーバードは、二度の車両火災を引き起こし、気化器と燃料ポンプ付近のパイプからのガソリン漏れが原因であった。コロナについては、国内でブレーキパイプの腐食によりブレーキが利かなくなる事例が報告されていた。それぞれ、日米で回収修理が進められていた。欠陥に対する同様の措置は、日本の他のメーカーでも取られていた。

ここで問題とされたのは、欠陥にもとづく回収の公表の有無であった。メーカー独自の回収修理に止まらず、所管官庁に届け出をしたうえで公表するというユーザーの安全を最優先にした対応を採らないのは、安全性よりも営業を優先させた利益第一主義にあるという論調であった。

さらに、八日になると、『朝日新聞』『毎日新聞』ともに社説で自動車業界の対応を批判した。当時の世論を知るうえでも記事の一部を引用しておきたい。

コロナ、ブルーバードというわが国の代表的小型車に人命にかかわる重大な構造的欠陥があり、しかもその事実が公表されることもなく、ひそかにメーカーによって回収、修理が行われていたことは、自動車大衆化時代の大きなショックであった。（中略—筆者）

こんどのケースは、トヨタ、日産両社が主要輸出先である米国で、秘密裏に欠陥車を回収しているのを批判されたのがきっかけとなった。日本でもユーザーへのダイレクトメールをつかったり、車検の際などに回収、修理が行われてきたが、まだそれが済んでいないブルーバードが約三万台、コロナが約三十万台も残っているという。米国で、この問題が取上げられなかったら、これらの車の所有者は何も知らずに二大メーカーの車を信頼して走り続けたであろう（『朝日新聞』一九六九年六月八日朝刊）。

この問題は、その後、衆議院商工委員会や運輸委員会でも取り上げられ、通産省や運輸省の対応も促されることになった。そして、各社がリコールを公表し、リコール制度が実施に移されていった。

参考までに、一九六九年六月一一日に行われた衆議院運輸委員会の模様を紹介しておこう。同委員会は、「道路運送車両法の一部を改正する法律案」を審議する一環で、世情を賑わしている欠陥車問題を取り上げ、参考人として日産自動車の川又克二社長とトヨタ自動車工業の豊田英二社長の意見聴取を行っている。

出席委員のつぎの発言は、自動車メーカーに対する当時の世間の率直な印象を述べたものとして着目すべきであろう（衆議院事務局『第六十一回国会衆議院運輸委員会議事録』第三十一号）。

自動車の輸出は、鉄鋼に次いで日本の輸出の第二の位置を占めました輸出産業であり、戦略産業である、こういう自負のあまり、国の経済発展に大きな役割りを果たしておるんだという自負があって、そこで一方、国家のため、日本経済のために、われわれは大いに活動して利益をあげておるんだからという気持ちがあって、事故防止等に比較的関心が薄いのではなかろうかという感じがします（板川正吾委員）。

（今回の欠陥車問題に対するメーカーの対応の原因は―筆者）残念だけれども、車両メーカーのもうけ主義にある、生産第一主義にあるというふうに私はいわざるを得ないと思う。したがって、この機会に、やがて自動車の自由化が目前に迫っている時期でありますから、国際競争場裏に出ようという時期ですから、この世界的にも及ぼうとしている日本の自動車産業の信用を回復をする処置を、自動車工業会でも、あるいはいまの自動車産業は、それぞれ日産にしても、トヨタにしても、日本の生産工場では非常に大きな力になっているわけですから、それぞれの会社においても、信用を回復するための具体的な手段をとるべきである（野間千代三委員）。

ここで問題とされたのは、リコール車を生んだことではなく、自動車業界の社会的責任に対する感覚であった。業界側の主張は、不具合があれば、公表こそしてはいないが、最善の措置は講じている、というものであった。これに対して世論は、自動車の欠陥が人命に直結する以上、すみやかに報道機関を通じて公表すべし、というものであった。

米国トヨタ販売会社の新社屋落成式から帰国したばかりの神谷は、トヨタ自販、販売店従業員に対して、「われわれはリコール車問題をどう受けとめるか」と題するつぎのようなメッセージをおくった。それには、この問題に改めてユーザー第一主義の心構えにもとづいて対応することで、ユーザーの信頼を勝ち取っていくという姿勢が表明されている。

コロナ、ブルーバードのリコール問題に端を発して、わが国の自動車産業の安全に対する姿勢と対策が、現在一つの試練に立たされています。日頃努力を積み重ねて、日本一の「信用」を築かれてきた皆様は、それだけになおいっそう、今回の問題では心を煩わせておられることと存じます。(中略)。ユーザー第一主義……。トヨタ自動車が営々として今日の地位を築きあげることができたのも、一つには、変わらぬこの姿勢が礎になっていたからでしょう。

わたくしは、このリコール車問題を契機に、オールトヨタの1人1人が、もう一度、この「ユーザー第一主義」という考え方を思いおこしていただきたいと考えます。それは、これまでの「ご愛顧」と「信用」をもう一度、ユーザー第一主義の心構えで固めなおしていくことが、この時点でわれわれがとるべき最善の道であり、ユーザー各位に対するつとめであろうと思うからです。今回のリコール車問題では、くれぐれもユーザー各位に正しいご理解をいただくとともに、ご協力をお願いして下さい。

われわれのすぐ目前には、資本の自由化という大きな難関が控えています。そこでは、本当に待ったなしの競争がまち構えているわけですが、真の自由化対策は、１人でも多くの「信頼」をかちとることをおいて他にありません。

まだ日の浅い日本のモータリゼーションのなかで、今回の問題の受けとり方と対処が、ユーザーと自動車業界のお互いの理解ある新しい関係のきっかけとなれば、今回のリコール車問題は、大変貴重な経験だったと申せましょう（トヨタ自販編『モータリゼーションとともに』）。

欠陥車報道から一年ほど経った一九七〇年七月九日、神谷の姿は長野県蓼科高原にあった。蓼科山聖光寺の落慶式に出席するためである。聖光寺は、交通観世音菩薩を本尊とし、トヨタ自販社長である神谷と旧知の愛知トヨタ自動車社長山口昇を発起人総代として建立された。その目的は、交通事故の絶滅、交通事故で亡くなった人々の霊を慰めること、傷ついた人々の再起を祈念することであった。神谷の発願により一九六八年末から準備に入り、宗教法人の認証も得て建立されたものである。建立資金約一億六〇〇〇万円は、神谷の私財を中心として、トヨタ販売店をはじめとする全トヨタ関係者、その他個人によるものであった。自動車産業関係者としては異例の行動であった。

神谷は聖光寺の建立について、つぎのように述べた。

わたくしは、昭和43（一九六八—筆者）年11月3日、思いがけず勲二等旭日重光章を受章する栄誉にあずかった。このとき、その感激とともに、新しい思いが胸をよぎったのである。

われわれが過去に行ってきた努力によって、自動車産業は日本経済の発展をささえ、外貨を獲得し、経済面はもとより、国民生活の向上に多大の貢献を果たすようになった反面、副次的ではあるにせよ、交通事故の激増という暗い側面を惹起した。交通安全については、これまで何かと協力してはきたつもりだが、本当に心中安らぎをうることはできなかった。そこで、不幸にして事故で亡くなられた方々の霊を弔い、傷つかれた方々の再起を祈念し、さらに、交通事故の絶滅を願って交通安全観音堂の建立を思いたったのだ。

実は、交通安全観音堂の建立については、昭和35年5月に藍綬褒章を受章したとき以来常にもちつづけてきた構想であった。このたびは、これを是非とも実現したいと考えて、関係者の方々に胸のうちを打ちあけたのである。

幸い、わたくしの願いは広く関係者の方々のご理解を賜り、薬師寺長老橋本凝胤師のあたたかいご支援によって実現させることができた。この交通安全観音堂が、いささかでも交通事故関係者の心を安らげ、また世のひとりひとりが交通安全についての思いをめぐらし決意を新たにするようすがとして、広く、末永く親しまれるように祈念している（同前）。

聖光寺の建立は、ユーザー第一主義を信条としてきた神谷の苦悩を表すものとなった。以来、蓼科山聖光寺は、トヨタグループによる安全祈願が行われ、その精神を共有する重要な場となっている。神谷の次男で南北社会長を務める宏は、父の姿についてつぎのように述べている。

自動車の普及にともない、多くの交通事故犠牲者を出すことになってしまいました。これにはたいへん心を痛め、日頃仏像が好きな父は、会社の社長室に祭った薬師如来像にいつも手を合わせ、交通安全を祈願しておりました。たまたま、長野県蓼科高原に開発中の土地があり、見晴らしもよく環境がよいことから、奈良の薬師寺さんの末寺として交通安全を祈願し、同時に交通事故者の霊を慰めるため、二万坪の境内を持つ敷地に、全国トヨタ販売店各社・トヨタ自動車販売株式会社・関連各会社の協賛を得て、昭和四十五年（一九七〇）、大きな山門と本堂と鐘楼を持つ蓼科山聖光寺を建立しました。毎年夏には蓼科高原の別荘に二、三週間滞在し、毎朝聖光寺に参拝。例年七月十八日にトヨタ関係の人たちをお招きして交通安全祈願と犠牲者供養の行事を欠かしたことがありません。その日には全国から大勢の関係者が参集するのでそんな皆様との談笑が楽しみの一つでもありました（牧野・竹内監修『日本の「想像力」』）。

第9章　晩年の挑戦

1　インドネシア原油輸入と黒い霧事件

七三歳を迎える神谷正太郎が最後の挑戦に乗り出す覚悟を決めたのは、一九七一（昭和四六）年の初頭のことである。

わが国の国民生活、産業活動を支えているのは石油である。石油資源をもたぬわが国のこと、もし、石油が不足したらどうなるであろうか。戦時中の「石油の一滴、血の一滴」というスローガンを思い起こすまでもなく、大変なことになる。また、自動車と石油の関係は、切っても切れぬ深いものであり、その観点からも石油の確保に協力しなければなるまい（神谷「私の履歴書」）。

自動車事業にひとくぎりをつけた神谷は、石油の輸入に関心を向けた。そして、インドネシア産の低硫黄原油に着目した。産出量を伸ばし、わが国への供給比率も高いインドネシアとの関係を強化し、公害対策上有利な低硫黄原油の輸入を増大させることを企図した。そして、これを実現すべく、早速、インドネシアに原油輸入を申し入れた。この行動が、後に神谷を窮地に立たせるとは、この時は知る由もなかった。

それは、一九七一年四月、同国から「新規輸出の余力なし」という断りの連絡を受けた二日後、田中技術開発社長田中清玄からの会談の申し入れからはじまった。田中によれば、インドネシア原油の輸入について、日本興業銀行相談役中山素平の推薦で神谷にその日本側窓口になってもらいたい、というものであった。すでに、スハルト大統領との話もついているということであった。

リスクを取らなければならない新たな開発ではなく、産出した原油の輸入ということもあって、神谷はこのプロジェクトの当事者になることを快諾し、インドネシア原油の輸入実現に向けて邁進する。一九七一年五月、神谷は田中とともにインドネシアでスハルト大統領と面会し、日本からの三億ドルの借款の見返りに、五〇〇〇万キロリットルの低硫黄原油の輸出を提案して合意を得ることに成功した。

しかし、その後、原油輸入計画は難航する。神谷自身、「思わぬ誤算」と述べているが、それには三つの認識不足をあげている。それは、①石油の量に対する知識の不足、②借款に対する認識不足、③石油を巡る複雑な事情、の三点である。とりわけ、政治が絡んだ政府借款の問題は、きわめてデリケートな問題であり、後に述べるように黒い霧としてマスコミの標的となった。

当時の神谷の思いは、つぎのようであったという。

わたくしは、心労が重なり、ノイローゼになりそうであった。「何故、なぜわたくしの真意を解してもらえないのだろう。低硫黄原油の確保は、国家をあげて急務であるはずなのだが」。わたくしは、蓼科高原で静養しながら、ハギシリした。四十六年盛夏のことである（同前）。

翌一九七二年五月、政府借款二億ドル、原油代金前払いのかたちで民間借款一億ドルを実施し、その見返りに一〇年間に五八〇〇万キロリットルの低硫黄原油を輸入することを内容とする方針が決まった。そして、原油輸入のための新会社として、ジャパン・インドネシア・オイルが一二月に設立されることになった。

一九七二年六月七日、衆議院外務委員会で社会党の楢崎弥之助は借款問題について、「昨年五月一四日、神谷正太郎・トヨタ自動車販売社長、田中清玄・田中技術開発社長、佐藤竜太郎・アジア海洋掘削会社常務（佐藤首相の長男）がスハルト大統領と会い、石油開発について話し合った事実を知っているか。このような民間ベースの商談が、なぜ政府借款になったのか」と当時の福田赳夫外相を追及している（『朝日新聞』一九七二年六月八日朝刊）。

また、六月八日の『読売新聞』は、「本当に国益につながる?」という見出しで、インドネシア借款問題について「黒い霧」として楢崎質問について伝えた。

福田外相は、これに対して、スハルト大統領から、公害に悩む日本に「インドネシアの低硫黄原油を提供して恩返ししたい」という申し出があったことを紹介し、これに感謝して借款がまとまったという答弁を行っている。

六月一二日、東京大手町のパレスホテルで記者会見した神谷は、借款に伴うインドネシア原油の輸入会社は、トヨタ自動車販売が中心となって、電力会社や製鉄会社の協力も得て設立する予定であるとの意向を明らかにした。

ただ、インドネシアからの原油輸入は、すでに、国際石油資本カルテックス系の日本石油とファー・イースト・オイル・トレーディング社の二社が行っており、新たな輸入ルートの設置には石油業界からの反発もあった。これに対して、神谷は、スハルト大統領と佐藤栄作首相のトップ会談によって決まったもので、これまでとは別に低硫黄原油を輸入するため、従来のものとは性格が異なるという説明を行い、新会社設立には高度の政治判断が働いているということを関係者として初めて明らかにした（『朝日新聞』一九七二年六月一三日朝刊）。

そして、新会社の設立が本決まりとなったことを伝える七月五日付『読売新聞』は、新会社の社長に神谷が就任予定であること、資本金は五億円で、出資比率はインドネシア国営石油公団プルタミナ五〇％、トヨタ自販二六％、電力業界代表会社一二％、石油精製業界代表会社一二％であること、などを伝えるいっぽうで、神谷が「インドネシアからこんな機会を与えられたのはまさに天佑《てんゆう》。貴重な一滴を少しでも安く供給できるよう努力する」と、新たなインドネシア原油輸入ルート設置の不透明さにまつわる政治的な疑惑を拭い、経済性を強調することに懸命である旨の解説記事を付している。

ジャパン・インドネシア・オイル社は、一二月に創立総会を開き、本社は東京九段のトヨタ自販内におかれた。

インドネシア原油輸入問題以前、神谷が石油と無縁であったわけではない。神谷自身述べているように、一九五三年、スタンダード・バキューム石油会社と自動車用潤滑油の販売総代理店契約を結び、鉱油部門に進出した。その狙いは、部品とともに販売店の収益確保と他社ユーザーへのアプローチを企図したものであった。鉱油販売についてその狙いを、神谷は一九五八年の販売店鉱油担当者会議において、つぎのように説明している。

> この機会に確認しておきたいことは、礦油《ママ》が、特に末端ユーザーと一番接触の多い部門であるという事実である。このことは礦油《ママ》のセールスマンが、カーにとってもパーツにとってもモニターでありうることを意味している。（中略）我々が、礦油《ママ》の取扱いに踏みきったのも、ひっきょうこうした理由にほかならない。従って、礦油《ママ》部門が、単に不変収入部門の一翼をになうだけでなく、カー・デーラーの尖兵でもあるということ、このことについては、この機会にもう一度各位に御確認いただきたいと思う（トヨタ自販編『モータリゼーションとともに』）。

もともとトヨタ自動車販売が鉱油事業進出を決める契機となったのは、一九五〇年六月に神谷がフォード社との提携問題で渡米した際の見聞が大きく影響している。アメリカでは、ガソリンスタンドとディーラーが相互に情報交換を行い、ディーラーがガソリンスタンドを経営しているものもあり、ディーラー経営の安定化に寄与していた。これをみた神谷は、自動車市場の拡大とともに発展するであろう自動車石油製品の将来性を見越して、同製品を取り扱うことにした。

ただ、ガソリンとなると販売店に大きな設備投資の負担を与えることや、市況による価格の変動、安定供給への不安などの問題がつきまとう。そこで、神谷は、そうした点を考慮して、潤滑油に的を絞ったのである。帰国後の神谷の動きは速かった。一〇月に帰国するとすぐに鉱油分野への進出準備に入っている。

一九五三年六月、部品部に鉱油課を新設し全国の販売店を通じて発売に踏み切ったが、当初のモーターオイルからグリース、ギアオイル、不凍液など、次第に取扱商品は拡大していった。わが国の自動車保有台数は、一九五〇年二二万台、五五年四七万台、六〇年一三五万台、六五年六三〇万台というように驚異的な伸びを示し、鉱油売上げもそれに伴って、一九五六年度七億五〇〇〇万円、六〇年度二二億円、六五年度五四億円と増大した（トヨタ自販編『モータリゼーションとともに―資料―』）。神谷の見通しは的確であった。インドネシア原油輸入問題は、潤滑油からガソリンへと、神谷の年来の思いにつながるものであった。

また、一九七〇年前後の時期といえば、大気汚染と自動車の排出ガス問題が大きな社会問題としてクローズアップされ、自動車業界としてもその対策に邁進した時期である。そこで、硫黄分の少ない原油に神谷の目は向けられた。加えて、当時は、わが国の自動車輸出が発展期を迎え、一九七二年には鉄鋼業を抜いて外貨を獲得する輸出産業の第一位に自動車産業がランクされる勢いであったため、摩擦を避けるためのドル減らしも課題であった。

当時、自動車産業がおかれていた状況と神谷自らの年来の思いは、先にみた田中の申し入れに飛びつく結果となった。しかし、その後の経過は、政治的な思惑のなかに神谷が絡めとられ、「心労が重なり、ノイローゼになりそうであった」というような展開をみせる（神谷「私の履歴書」）。

この時期、神谷とインドネシアからの原油輸入問題について迫った新聞記者の野村耕作は、著書の『神谷正太郎論』のなかで詳しい分析を行っている。それによれば、神谷にインドネシア原油輸入の話を持ち込んだのは、日本興業銀行元頭取の中山素平であった。公害対策の一つとして低硫黄油の輸入促進が財界筋の要望となり、そのプロモーターとして白羽の矢が立ったのが神谷であったという。トヨタは、一九七〇年にインドネシアにノックダウン輸出を始めており、現地の合弁販売会社の二四・五％をトヨタ自販が有していたこともあり、神谷は同国政府の政財界に知名度があったのである。

ただ、プロジェクトの話が進むにつれて、政治色を帯びた問題が表面化していった。まず、すでにインドネシアからの石油輸入会社として、スカルノ前大統領時代からファー・イースト・オイル・トレーディング社が存在し、同社は元首相の岸信介と時のインドネシア石油公団総裁ストーとの関係で設立されていたということが、事態を複雑にした。新たに日本向けの石油輸出会社を設立するという構想は、当時の官房長官アラムシャから持ち込まれたものであり、ストー・日本ラインとは別に新しいラインをつくるというインドネシア政財界の権力闘争に巻き込まれることを意味したのである。

内情が明らかになるにつれて、神谷も思いとどまろうとしたが、中山素平らの説得や、インドネシア政府が同問題の処理役にラディウス国立銀行総裁を任命して神谷と交渉させた結果、新会社設立の運びとなったという。

つぎに問題となったのは、合計三億ドルの借款供与である。これについての神谷の認識についてみておこう。

トヨタ一社で年間十二、三億ドルの外貨を稼いでおり、むしろ「ドルを稼ぎすぎる」とお叱りをさえ受けそうな状況である。わが国が、いま喉から手が出るほどほしがっている低硫黄油確保のためなら、政府は三億ドル位の借款に二の足を踏むことはあるまいと軽く考えてしまったのである。しかし、この考えは甘かった。政府には、政府の考えがあり、そう簡単にいくものでもなかった。そこで、一億ドルは民間でなんとか調達することとし、政府には、二億ドルの借款を行っていただくよう、関係各方面にお願いして廻った。

この交渉を進めるにあたって、わたくしを悩ませたのは、こうした実務上の困難に加えて、予期せぬ誤解や中傷を受けたことであった。一部の新聞や雑誌は、このプロジェクトが、あたかも黒い霧でおおわれた怪しげなものである、といった見方を流布した。もともとこの話は、インドネシア政府を交渉相手とし、しかも政府借款がからんでいる。だから、スタートは純民間ベースであっても交渉が進展していく過程で政治色が出てくるのは当然のことだ。それを、政治がからんでいるから黒い霧、と書きなぐった一部のマスコミがいたのには驚いた（神谷「私の履歴書」）。

借款供与協定は、一九七二年五月、スハルト・佐藤会談で決定した。しかし、当時としては異例の巨額であったため、政治問題化した。先にみたように、国会での追及、マスコミの黒い霧報道は盛りあがったのである。

インドネシア原油輸入にまつわる問題について、神谷の釈明を聞こう。

こうした誤解や中傷を受けたのは、わたくしの不徳のいたすところと深く反省しなければなるまいが、交渉を隠密裡に進めたことが、第三者の想像をたくましくさせた原因でもあった。なぜ、わたくし達がこの問題を当初から世間に明らかにしつつ進めなかったか。全く他意はない。低硫黄原油は、単にわが国だけが欲しがっているのではなく、国際石油資本も買いたがっている。もし、われわれが大量の低硫黄原油の引き取りを交渉している事実が明らかになれば、おそらく、国際石油資本がこの交渉に手出ししてくるに違いない。そうなれば、交渉は不利になることはあっても有利に展開することはない。こう考えて、交渉が成立するまでは、出来るだけ全てを当事者の胸にしまっておく方がよろしかろうと判断したのである（同前）。

神谷に話をもちかけた田中清玄は、インドネシアからの原油輸入問題について、その経緯と神谷を中心においた理由を、つぎのように述べている。当時、政財界が神谷をどのようにみていたかを表すエピソードでもある。

一九七〇年代、日本は石油に含まれるサルファ（硫黄）分による大気汚染公害で困り果てていた。当時は今のように、温暖化が大きな問題になっていたわけではなく、一番問題だったのは、サルファ分の少ない石油をいかにたくさん確保するかだった。そのサルファ分が一番少ないのはインドネシア産の石油だったんです。「しろもの」と言いまして、これは生焚きができた。

ところで、一九七〇年暮れに、私は胃ガンの手術を受けましてね。その時、スハルト大統領はわざわざ腹心のアラムシャ中将を、東京まで見舞いに差し向けてくれました。それでその年（翌年の誤り─筆者）の四月、術後の経過も順調だったものですから、そのお礼にとインドネシアを訪問したんです。その時、スハルト大統領から「日本の助力に対して何かお礼をしたい」という話があった。スカルノ一派の容共分子と対抗し、インドネシアの完全独立とスハルト大統領の実現に協力してきた我々へのお礼というわけです。

僕は即座に「それは石油です。保守勢力を助け、日本を安定させるには、石油が絶対に必要です。とりわけ貴国の石油のようにサルファ分の少ない石油が、公害対策上も日本には必要なのです」と申し上げた。大統領はそれに対し「それはインドネシアの残った取り分がある。それを全部日本のあなた方に回そう」と言われ、プルタミナ（インドネシア国営石油公社）の石油を我々に売ってくれることになったんです。

それで私は「これは単なる商業ベースの話ではなく、両国の友好のシンボルとしての石油の売買だから、両国とも汚職分子は一切関与させないでやりたい」と、スハルト大統領に申し上げたんです。大統領ももちろん賛成でした。

帰国すると早速このことを佐藤総理に報告しました。私が「政治家と変な利害関係を結び合っているような石油会社や事業家は抜きにし、政治家も関与させないで、日本で一番汚職も何もない新たな石油会社を設立したいと思う」と申し上げると、佐藤さんは「君は誰を中心に考えているのか」と尋ねられた。僕が「それはトヨタ自販の神谷正太郎社長がよいと考えています。私が相談した土光敏夫さんや中山素平君らも、口を揃えて神谷さんを推薦しました」と答えると、佐藤さんは「それはいい。神谷さんなら間違いない」と言い切りましたよ。

神谷さんは商人の神様といわれるぐらいの手腕の持ち主で、清廉な人物でもありました（田中・大須賀『田中清玄自伝』）。


ジャパン・インドネシア・オイル社副社長を務めた宮本惇（元通産省公益事業局長）は、一連の経緯についてつぎのように述べたという。

自動車と石油はともに競争の激しい国際商品の雄だ。しかし、この両者の間には本質的なちがいがある。それは石油が戦略商品であるということ。つまり政治が絡みやすいということだ。その辺の認識の甘さが、神谷さんを苦労させることになった（野村『神谷正太郎論』）。

財界嫌いだった神谷について、『神谷正太郎論』の著者野村耕作は、その理由として、「保守的な財界の空気になじめなかった」と推測する。さらに野村が付け加えるのが、既成社会への挑戦心である。つまり、「エスタブリッシュメントに対する反感から出発して、逆に挑戦心を誘い、それを成功させる原動力になった」と解説する。

若い頃、学閥や閨閥の壁に突き当たった神谷は、三井物産を去り、個人企業の設立に向かった。そして外資系企業である日本GM入社での実力主義を経験した後、新たな産業である自動車産業を軌道に乗せるべく縦横の活躍をみせた。その生涯に、野村は既成社会への挑戦の姿勢を読み取ったのである。

財界活動と一線を画して企業家に徹した神谷は、政治的な事柄には鈍感であった。それこそが、神谷の心労を招く結果となったのである。

第一次石油危機が世界を襲ったのは、一九七三年一〇月のことであった。

2　神谷亡き後で

一九七五年一一月七日の『朝日新聞』は、「トヨタ自販神谷社長、辞意固める」の見出しで、後任社長に加藤誠之副社長の昇格の見通しを伝えた。同記事は、「神谷氏が第一線から退くと、トヨタ自動車工業（豊田英二社長）との力関係が崩れ、ひいてはトヨタグループのマイナスになると心配する声がある。というのは、神谷氏は日本ゼネラルモーターズ（GM）の広告部長だった昭和十年、トヨタ自動車の生みの親だった豊田喜一郎氏に頼まれてトヨタ入りし、昭和二十五年に販売部門を独立させ、いまのトヨタ自販を設立した。それだけに、神谷氏にはトヨタ自動車工業を世界第三位のメーカーに育てたという自負があり、自販のリードで自工がここまで伸びてきたともいえる。しかし、トヨタ自工内部には、トヨタ自販の三九・四％の株式を自工が握っており、自販を『子会社』意識でみる向きもある。神谷氏が第一線を退いたあとの自工と自販との関係が円滑にいかなくなれば、製造部門と販売部門を別会社にした能率向上のねらいが裏目に出てくるのではないか、という心配である」と報じた。

神谷がトヨタ自販の社長を辞して会長に就任したのは、一二月三日のことである。社長退任の理由について、翌日の報道は、健康上の理由であるとの記事を流した。それから四年、一九七九年六月二九日、翌月には八一歳を迎える神谷は取締役名誉会長に就いた。当時、この職位は、わが国の上場企業では前例のない終身制をとった。トヨタ自販の役員、全国の販売店からの強い要請があって新設されたものであった。

七月五日に行われた記者会見で、トヨタ自販の加藤誠之会長と山本定蔵社長は、「神谷会長から、高齢で健康がすぐれないので退きたいとの意向が示されたが、(トヨタ自販にとって)かけがえのない存在なので、取締役の総意をもって名誉会長になっていただいた。神谷会長の経営理念は、わが社にとって必要。終身名誉会長として、これを中心に進んでいくことが(自販にとって)一番良い」と述べている。そして、この記者会見の内容を伝える記事は、「自販のトップ人事は、トヨタ自工のトップ人事とも連動するだけに、神谷氏をどう処遇するか。自販内での存在は大きく、とくに、世界小型車戦争を迎え国内外での販売競争の激化が避けられない情勢の中で、販売店に神谷信奉が根強いだけに、それを誤れば、自販の内部崩壊にもなりかねない。こうした内外の圧力に、加藤、山本両氏の悩んだ末の解決策が終身名誉会長だったようだ」と論評を加えた(『読売新聞』一九七九年七月六日朝刊)。

一九八〇年一二月二五日、神谷は死去した。享年八二歳であった。神谷の死を伝える新聞各紙には、「自動車王国育ての親」「自動車販売の神様」の見出しが躍った。神谷の葬儀は、翌年一月一六日東京の青山葬儀所で、一九日名古屋の日泰寺で、トヨタ自販の社葬としてそれぞれ行われた。日泰寺には、神谷が敬愛する豊田喜一郎が眠っている。

マスコミの予想に違わず、神谷の死の前後から、その影響力の低下を受けて、トヨタ自工と自販の関係には変化が表れたという（宇田川・四宮編『巻島英雄オーラル・ヒストリー』）。工販合併を否定し続けてきた豊田英二トヨタ自動車工業社長が、合併の決断が近いことを記者会見で示唆したのは、神谷の死から一年ほど経った一九八二年一月二二日である。

「自販は金のことも考えず勝手なことをいう」「自工はユーザーが希望する車をつくろうとしない」などという自工と自販の不協和音を解消するための合併について、豊田英二は「何をいっても合併のことを話すといろいろな方面に影響が出るので、発言は勘弁してほしい」と述べ、豊田章一郎自販社長は「合併となると自販の社員が動揺するので、自販の社員に自工に自販の活力を吹き込むんだ、との気概をもてといっている」と語った（『読売新聞』一九八二年一月二三日朝刊）。自工と自販のトップいずれもが、自販従業員の立場に配慮した発言を行ったことに着目したい。

それから半年、一九八二年七月、トヨタ自動車工業株式会社とトヨタ自動車販売株式会社は合併し、トヨタ自動車株式会社が発足した。神谷が死去して二年後のことである。神谷亡き後、トヨタ自工は念願であったトヨタ自販の吸収に乗り出した。両社が一九五〇年に分立してから三〇年以上も経過し、すでに異なる企業文化を創り出していた両社の合併は、容易なものではないという判断がトヨタ自工内部でも支配的であった。

そこで、両社の軋轢を解消し、合併を円滑に遂行する役割を担ったのが章一郎である。章一郎は、創業家としてシンボリックな役割を演じた。自工の副社長から平取締役に降格し、自販の社長に就任した章一郎は、創業家の威光を背景に合併に対する自販側の抵抗感を極力緩和するというきわめて重要な役割を演じた。トヨタ自販創業以来の歴代トップには、神谷正太郎、加藤誠之、山本定蔵というように創業家メンバーは就任していない。それは、見方を変えれば、章一郎の社長就任が工販合併に対する創業家の強い意志の表明であることを示すものであると受けとめられた。

「販売のトヨタ」といわれてきたように、戦後のトヨタの経営にとって自販の果たした役割はきわめて大きかった。戦前から戦後にかけて、そして戦後復興から高度成長期を通じて、すでにみてきたような神谷の卓越したリーダーシップがトヨタの販売の現場を支え、トヨタ発展の大きな原動力であったことは誰しもが認めるところである。

しかしそれは、トヨタ自工の側からみれば、異なる風景となる。喜一郎と時代と場を共有して喜一郎の直系である章一郎と達郎の兄弟を強く支え、トヨタをもり立ててきた神谷の存在そのものが、喜一郎の非直系である英二にはやはり気がかりな存在であった。

一九八二年の工販合併について、トヨタ自動車の社史はつぎのように記している。

激動の八〇年代に対処し、トヨタが築き上げてきた地歩をより発展させてゆくためには、今こそ、生産・販売という表裏一体の機能をより総合的かつ機動的に発揮することが必要である。そして、そのためには、すでに実質的に一体化しつつある両社の運営をさらに推し進め、両社の体制を一元化して意思決定をより迅速にし、人材を一層有効に活用し、資金その他の経営資源を必要な分野に効率的に投入する体制づくりが肝要であり、両社は、その最善の方策が両社の合併であるとの共通の認識に達したしだいである（トヨタ自動車編『創造限りなく』）。

形式上、工販合併は対等合併のかたちがとられたが、実質的には自工による自販の吸収であった。トヨタ自販創業以来、三二年の歴史のなかで、二五年にわたって社長を務め、会長職も含めるとおよそ二九年間もトヨタ自販に君臨した神谷の存在感は絶大なものであった。

そこで、一九七九年まで会長職を務めた神谷の影響力が薄らいだ頃合いを見計らっての一連の吸収劇であった。しかも、両社間の感情的なしこりを和らげるために最後の社長に送り込まれたのが、創業家直系の章一郎であった。トヨタ自販最後の日となった一九八二年六月三〇日、章一郎社長は管理職を集めて、「トヨタが日本一で、世界でも有数の自動車会社になったのは、今はなき神谷正太郎前会長はじめ、社を去られた先輩、今日ここにおられる管理職の皆さんが強力な販売組織を作りあってこられたからにほかなりません」と、その労をねぎらうとともに、神谷を高く評価してみせた（『朝日新聞』一九八二年七月一日朝刊）。

実のところ、豊田英二トヨタ自工社長が工販合併を考え始めたのは、社長就任直後の一九六九年前後のことである。一九六〇年代半ばをすぎて輸出が本格化し、海外にも販売店網を整備するうえで、自工の車を売るのに自販と契約するというわかりにくさを解消したいと考えたからである。そこで、英二は神谷に対し合併の提案をし、その後についてもつぎのように述べている。

「そろそろ会社を一本にすることを考えた方がいいのではないか」と遠回しのいい方で合併を提案した。ところが、神谷さんは全く合併を考えていなかった。そこへ突然私が言ったものだから、すぐに返事ができるはずがない。その場は「ちょっと待って欲しい。考えておく」ということで終わった。

それから数年経過したが、神谷さんからは何の意思表示もない。神谷さんは私の提案をほったらかしにしていたのではなく、合併をするにしても、今がいいのか、それとももう少し後がいいのか、時期をみはからっていたのだと思う。

目先は確かにうまく動いている。そう急いで、時期を区切ってまで合併しなければならない切迫した理由もないから、私もあえて催促もしなかった。合併はあくまで百年の大計と言うと大げさだが、ロングランに見た場合、一緒になった方がいいに決まっている。

神谷さんはその後、健康を害し五十（一九七五—筆者）年十二月に会長に退かれた。高齢ということもあり、病気はよくならず、最後は意思表示もままならず、五十五年十二月に亡くなられた。結果的には神谷さんが亡くなられてから、工販合併が具体化してきた。工販の幹部は合併の意思を持っていたから、あとはタイミングだけである。

合併のタイミングは早いにこしたことはない。すでに工販分離してから三十年経ち、それを過ぎると昔のトヨタを知っている人がだんだんいなくなるからである。三十年というのはちょうど一般の社員が入れ替わるぐらいの期間である。合併は分かれたものを単にくっつけるだけだが、自販の社員諸君にしてみると受け止め方は全く違う。入社したのはあくまでトヨタの車を販売するトヨタ自販なのである。

それを自分たちの知らない間に生産会社のトヨタ自工と一緒にされてしまう。われわれの意識だけでやると間違ってしまう。当然ことは慎重に運ばなければならない。その前ぶれ人事が五十六年六月の章一郎君の自販社長就任である。その当時はすでに合併の方向で動いていたので、章一郎君にはあえて自販社長就任の意図は言わなかったものの、言わず語らずで口に出さずとも分かっていたと思う（豊田『決断』）。

今となっては、神谷の真意を知ることはできない。しかし、神谷は合併に対して積極的でなかったのは明らかであろう。合併のことが頭の片隅にでもあれば、英二に対して前にみたような反応を示すとは思えないからである。

神谷は、トヨタの創業者喜一郎の要請を受けてトヨタに入社し、生産は喜一郎、販売は神谷という役割分担のもとでトヨタの販売を軌道に乗せた功労者である。この間、神谷より一五歳も年若い英二は、神谷と仕事をするなかでマーケティングの本質について学んだことであろう。神谷と英二は、お互いにつかず離れずの関係を大切にし、前にみたように、英二は合併についてのエピソードを語る際も、神谷のことを尊重している姿が窺われる。

いっぽう、神谷も英二に対して即答を避け、回答のタイミングを見計らっていたようにみえる。お互いの立場と考えを尊重しつつ、最終的にはオールトヨタにとって最善の道を探ろうとする神谷と英二の姿に、喜一郎の思いが重なってみえる。しかし、二人がみていた景色はおそらく異なったものであったろう。筆者には、神谷の事業遍歴を考えれば、一国一城の主として、トヨタ自販の独立を死守したかったように思われる。

ただ、神谷が合併に対して積極的ではなかったとしても、かつてのように販売店とトヨタ自販が神谷を軸に鉄の結束を誇っていたかというと、あながちそうとも思われない。神谷が日本中を奔走して、トヨタ系の販売店を組織していた時代から四〇年近い時を経て、販売店経営者の世代交代が進みつつあった。神谷と気脈を通じて販売店経営に邁進した第一世代は、一九六〇年代から七〇年代にかけて引退したり死去したりして、直接神谷の謦咳に接したことのない第二世代に引き継がれた。神奈川トヨタ自動車の上野健、岩手トヨタ自動車の高橋佐太郎、山口トヨタ自動車の斉藤実、名古屋トヨペットの小栗虎之介、愛知トヨタ自動車の山口昇など、神谷の盟友たちが一線を退いたのである。英二はそうした時代の変化を読み取っていたに違いない。

トヨタ自動車販売店協会が、一九七九年一月、千葉トヨペット社長勝又豊次郎を理事長に選任したことは、新しい時代の到来を感じさせる出来事であった。勝又は、トヨタが複数販売店制に本格的に乗り出し、第二系列であるトヨペット店を展開した時、外車ディーラーから参加した。初代の理事長以来、神谷の盟友が務めてきた理事長の座が、はじめて明け渡されたのである。トヨタ自販と販売店の関係は、神谷と盟友たちとの関係で成り立ってきたために、多少の無理がきいた側面がある。しかし、そうした関係にも、世代交代と自動車産業を取り巻く環境の変化が、否応なく変化を迫っていた（吉原『トヨタ自販の経営』）。

工販合併の前後にトヨタ自販に勤務した巻島英雄は、合併前夜の自販について筆者につぎのように語っている。

神谷正太郎さんの影響力が落ちて、トヨタ自動車（工業―筆者）で花井正八（会長―筆者）さんの力が強くなって、だんだん自販の主体性がなくなりトヨタ自動車に押されていくペースで、いろいろな政策が立てられていくと。（中略―筆者）自販の存在意義、役割、レーゾンデートルが非常に薄れてきた（宇田川・四宮編『巻島英雄オーラル・ヒストリー』）。

巻島は、地区担当員時代に神谷流の販売店との付き合い方を学んだ。上司からいわれたことを覚えている。

「設備投資、人の採用は、ディーラーに口出しするな。ディーラーが自主的に判断することだ。これが自販の伝統であると。ディーラーに儲かるようにしてやれ。儲かれば、さらに拠点に投資をして、もっと儲けよう、人をもっと増やそうとする。いい人を採ろうとする。やっぱり儲けて、自動車は将来性がある、おもしろいと持っていくのが、神谷流なんだ」と。（中略―筆者）

それを口出しして、トヨタ自販の担当員の言った通り人を採った。拠点を投資した。それが、こんなになっている。「それが原因で、こうなりました」と。そうすると、販売店の経営者は自分で判断したんじゃないからね。自分でリスクを決心したわけじゃないから、そっちへ尻を持ってくる。それじゃ、本当の経営者じゃないわけですよね。そんなことをやったらいいディーラーは育たないし、いい経営者は育たないぞ、というのが１つの教訓なわけです。「そういう意味で、意見を別に言ってもいいけど、あんまり強く強制するような感じの言いかたはしちゃいかんよ」と。ディーラーの、経営としてのトップが判断をする。それができなくて販売が悪ければ、今度ディーラーを換える。我々としては、ある台数売ってほしいというのがあるわけですから、市場の規模相応に売ってくれなきゃシェアが低いわけで、そういう経営者は換えればいいんだと。

神谷さんの頃は、それで来たそうなんですね。だけど、神谷さんの力が弱ってから、さっきの山本（定蔵自販社長―筆者）さんではディーラーを切れないんです。切るのに往生したディーラーを、実際に２つ３つ、私も記憶しています（同前）。

トヨタ自販は、最後まで神谷の個人商店として生き続けたのである。

終　章　「販売の神様」といわれて

「販売の神様」と称された神谷正太郎の本質を窺うことのできる出来事は、トヨタ自販による一九五〇年代から六〇年代にかけての対米輸出に関わる試行錯誤である。長期間にわたる対米輸出での試行錯誤の過程を通じて、貿易・資本の自由化への思いと同じく神谷の国際感覚や大局観について知ることができる。

神谷は、一九五五（昭和三〇）年六月と五七年三月、アメリカを視察した。視察の直前、一九五五年一月には、トヨタ自工から純国産乗用車トヨペット・クラウンが発表されている。それは、トヨタ自工が初めて開発した六人乗りの一五〇〇cc四ドアセダンであり、タクシー業界からの要望を受けて観音開きドアを採用した。初めての純国産乗用車発売の年にあわせて、対米輸出を念頭に置いたアメリカ視察を敢行した神谷は、当時を回想してつぎのように述べている。

自動車の重点はアメリカに置かなければいかん、それに輸出をするぐらいの力がなければ、将来やっていけないということから、どこよりも先に輸出に力を入れたわけです。

まず、三〇年渡米したときは、どちらかというとアメリカにおける自動車のマーケティングというか、売り方というか、そういったものを視察にいこうという気持だった。ところが現地についてみると、私は驚きました。昭和二五年の渡米のときにはみかけなかった輸入車が走っている。ヨーロッパの小型車がアメリカで走っているんです。それならばわれわれの輸出も期待ができる、可能性があるぞというふうに感じて、その次の渡米のときに、もういよいよこれはやらなきゃいかんなというふうに、決意がだんだんかたまっていったのです（「戦後産業史への証言（上）」）。

アメリカの小型車輸入台数は増加の一途をたどり、一九五〇年一万六〇〇〇台、一九五四年三万二〇〇〇台、一九五六年一〇万台、一九五七年二〇万台を超え、市場の四％に達する勢いをみせていた。この状況をみた神谷は、つぎのように判断した。

ヨーロッパの中小型乗用車がこんなにどんどん伸びるとすれば、われわれとしても、これから本格的な対米輸出車を作っているのでは、間に合わなくなるおそれがある。あまりたくさんはいれば、アメリカに輸入制限問題が起こるかも知れないが、とにかく今は小型車の輸入が全盛をきわめている。商売にはタイミングが必要だ。今の間に踏入れておかなければならない。今のトヨペットは適当な車ではないけれども、月に100台でもいいから、これによって基礎をきずき、われわれが計画している対米輸出ができるときに役立つようにしておかなければならない（傍線―筆者）

（トヨタ自販編『トヨタ自動車販売株式会社の歩み』）。

いかに世界の自動車界に君臨するアメリカといえども、このように急激な輸入車の増加に対して無関心ではありえまい。すでに、昭和33年（1958年）の輸入車は30万台と予想され、アメリカの業界筋でも話題になっている。遠からず、輸入車排撃の対策が打ち出されると見なければならない。かりに輸入制限といった手段がとられるとすれば、実績のない日本車は永久にアメリカ市場から締め出される可能性がある。一般に輸入制限の枠は実績比例によって決められるからである。とすれば、将来、対米輸出を考えているわれわれとしても、適格車がないからといって傍観している時間的余裕はない。若干の無理を覚悟しても、いまのうちに少しずつでも実績をつくり、進出のための橋頭堡を築いておくべきである（トヨタ自販編『モータリゼーションとともに』）。

以上、神谷の言葉から窺えるのは、大量生産・大量販売を基礎とする自動車産業の特質を前提とした国際市場の重要性である。

ただ、当時のトヨタ自工の世界的な地位をみると、神谷の発言がむなしく聞こえる状況でもあった。一九六二年現在でさえ、売上高ではトヨタは一一位、トップを走るＧＭの三二分の一、販売台数は一八分の一であり、アメリカ市場で存在感を強めていたフォルクスワーゲン社（以下、ＶＷ社）と比べても、売上高で三分の一、販売台数では五分の一程度の規模でしかなかった（経済評論社編『世界市場に挑戦する日本の自動車工業―1965年版―』）。しかも輸出先は、東南アジア、中南米、中近東など発展途上国中心で、主にランドクルーザー、トラックを輸出していた。そうしたなかでの乗用車対米輸出など無謀とも思われる状況であった。

ここで、当時のアメリカ市場の動向について触れておこう。一九五〇年代半ば以降のアメリカにおける輸入車の新規登録台数は急上昇し、一九五九年には輸入車シェアは一〇%を超えるに至っている。ヨーロッパ車のアメリカ市場でのシェア増大は、ヨーロッパ車の競争力の向上はもちろんであるが、アメリカメーカーの姿勢に起因するところが大きかった。GM、フォード、クライスラーのビッグ・スリーは、利益率の高い豪華な装備の大型車に注力してきた。そうした状況のなかでも、中以下の所得層やセカンドカーを求める需要層は、中小型車への志向を強めていたのである。そのような需要層の求めに応じたのが、ヨーロッパ車であった。神谷にとってはアメリカ市場進出へのチャンスと映った。

しかし、帰国した神谷の対米輸出即時開始論は、社内では受け入れられなかった。当時の社内の状況について、常務取締役大竹進はつぎのように述べている。

社長が帰国されたのは、たしか5月末で、次の役員会の席上、クラウンをアメリカへ輸出したいという話をされた。これを聞いてわたくしはもちろん、役員の方々もびっくりした。「社長はとてつもないお土産をもってきたものだ。いま、アメリカへ進出することは、商品もさることながら、企業力からみてもたいへん無理がある。やめた方が無難ではないか」。これが、全員の偽らざる気持であったと思う。しかし、社長は、アメリカ市場の状況、輸入制限の可能性などをあげて、「商売はタイミングが必要である。いまがアメリカ進出の最初で最後のチャンスになるかも知れぬ。たくさん売れないのも覚悟の上だ。将来のために是非やりたいのだ」と、力説された。それほどまでに言われるならということで、社長の熱意に負けて同意したわけだ。いまでも対米輸出の話がでるたびに、あのときの社長の真剣な表情を思い出す（トヨタ自販編『モータリゼーションとともに』）。

神谷は、一九五七年三月のアメリカ視察を終えると、一〇月にトヨタ自工と自販の折半出資によりロサンゼルスで米国トヨタ販売株式会社（Toyota Motor sales U.S.A., Inc. 資本金一〇〇万ドル、社長神谷正太郎）を設立している。これは、ＶＷ社をモデルにしたものである。同社は、一九五四年にアメリカＶＷ社を設立し、自力で販売網を整備したことで、一九五三年の一二〇〇台から一九五五年の三万台、一九五六年の五万台へと対米輸出を急増させていたのである。商社に頼ることのない自力進出は、自ら輸出のリスクを負わなければならないいっぽうで、販売網の確立にとってはきわめて有効であることを学んでいくことになる。

後でみるように、ビッグ・スリーが小型車生産に乗り出してからは、競争が激化し、一九六〇年九月、日産はあわててロサンゼルスにアメリカ日産自動車株式会社を設立した。それまで日産は、東海岸を三菱商事、西海岸を丸紅飯田というかたちで輸出業務を商社に依存していた。

当時の状況を、アメリカ着任後販売状況を調査し、後にアメリカ日産社長に就任する片山豊は、つぎのように述べている。

本社に、「やっぱり部品を揃えて、そしてエンジニアを揃えて、そして現実に修理をやって見せないと、ディーラーだってできませんよ」という報告を度々やっているうちに、本社もだんだん分かってくれて、3ヶ月目に私は全部用意をして、「会社をここへつくります」と。ダットサンの販売権を商社から私は取り上げますよ、ということになって、大問題があったわけですよ。ということは、輸入するのに、輸入手続きしたりする紙の手間が大変なんです。それは、だから、商社に頼みましょうと。商社はトンネルになってもらって、そして私たちは車の現実を……私たちが修理をしたり販売をしたりする活動をしますから、と。いわゆる販売口銭をあげますからということで、自動車の販売の現実を私たちがやります、ということを言ったわけですね（宇田川・四宮・芦田編『片山豊オーラル・ヒストリー』）。

トヨタ自販は、社史のなかでつぎのように記している。

いわゆる総合商社をつかわず、「自販」自身が輸出を担当してきたことは、他の自動車会社にはみられない特色である。輸出業務一切を総合商社にまかせてしまえば、ことは簡単だし、情報の入手も、あるいはその方が早いかも知れない。しかし、日本の総合商社の取扱商品の主体は、つい最近まで繊維と雑貨であった。自動車のマーケティングに十分な知識を備えたスタッフを、ここに期待することはむつかしい。（中略—筆者）自動車の販売には、アフターサービスや部品の補給が不可欠の条件である。総合商社に依頼していたのでは、永続する市場基盤の養成という、トヨタの輸出の本筋が実現できない。こういう観点から「自販」は、最初から一切総合商社にたよらず、苦しくとも、まったく自力で海外市場の開発に努めてきた。これは一見、回り道のようにみえるが、自動車輸出の本来の姿である。事実、アメリカやヨーロッパの自動車会社のやっている海外マーケティングは、みなこのやり方であり、総合商社にまかせているという例は1つもない。数年前、日本を訪れたアメリカのあるマーケティング学者が「日本の製造会社は、マーケティングに全然ノータッチで、たいてい総合商社に全部依頼している。これでは自分の製品のマーケットを組織的に広げる努力はできないだろう。その例外がトヨタ自動車販売会社だ」と語ったことがある。今日でこそ、メーカーなりメーカーと直結した輸出専門会社が、海外市場開拓を行なうケースはふえてきている。自動車メーカーの中にも、最初は総合商社を通じてやりながら、うまくいかなくて直接海外マーケティングに乗出しているところもある（トヨタ自販編『トヨタ自動車販売株式会社の歩み』）。

トヨタ自販は米国トヨタ販売を設立したものの、営業開始までに矢継ぎ早に問題がのしかかった。当初米国トヨタは輸入と卸売を業務内容に予定していたが、連邦消費税上不利になることがわかったため、卸売業務を分離してトヨタ配給会社（Toyota Motor Distributors, Inc.）を設立したのである。また、クラウンのランプの輝度がアメリカの車検では不合格とされたため、設計変更も迫られた。

当時四万店ほどの自動車販売店が全米にあったが、そのなかで輸入車のみを扱っている販売店と、米国車と輸入車双方を扱っている販売店は、一万三〇〇〇ほどであった。すでに輸入車を扱っている販売店での併売は、競合関係が生じて不利になるため、これらを除いて、クラウンの販売店には米国車のみを扱う販売店から選んでいった。

そして、一九五八年七月、クラウンの市販が開始された。アメリカの自動車専門紙『オートモーティブ・ニューズ』は、「大型車の乗心地と小型車の経済性を備えた車」であると絶賛した（トヨタ自販編『モータリゼーションとともに』）。

しかし、クラウンは、アメリカのハイウェイにはまったく通用しなかった。パワー不足やボデーの過重に加えて修理費や維持費がかさみ、販売店、ユーザーの反発を招いてしまう。連続高速運転に対する耐久性がきわめて弱いことが明らかになったのである。一九六〇年七月までの対米輸出実績は、ニューモデルを含めても一三〇〇台にも届かない惨憺たる結果に終わった。

先に神谷が述べたように、クラウンは当初から対米輸出の本命ではなかった。本格的な対米輸出車が登場するまでのつなぎとして、将来の基礎固めを主眼とした。

神谷の話に耳を傾けてみよう。

私どもは、現在のクラウンを月500台、1,000台も出そうというような大きな計画はもっていない。実は、昨年アメリカから大きな引合があり、おれのところは月2,000台、どこは1,000台、ニューヨーク1,000台、サンフランシスコ2,000台という景気のいい話ばかりきた。しかし、クラウンについては、向うのディストリビューターを動かすことが目的でないから、そういう話には応じなかった。もう1つは、よそとの行き方との違いだけれども、われわれとしては、乗用車に対する大きな責任を感ずる。日本の商品は、安かろう悪かろうという印象を与えているから、この機会に、そういう悪い印象を取除くために、できるかぎり製品としての責任をもつ。日本の製品は信頼できるという基礎をかためて、それから大量に行きたいと思う。従って500台とか1,000台という大きな話には耳をかさないことにしている。アメリカに向く車といえば、たとえばフォルクスワーゲンなど小型の車だが、価格、性能とも、それに競争できるような車を出さないと量は出ていかない。そういうことで、ただいま準備中である。これの瀬踏み、地固めのために、つなぎにクラウンを出してゆこうというのが現在の計画である（トヨタ自販編『トヨタ自動車販売株式会社の歩み』）。

ただ前にみたように、神谷の想定以上にクラウンは不振を極めた。

トヨタ自動車は、その社史のなかで、アメリカ市場における苦戦の状況をつぎのように記している。

わが国では好評のクラウンも、何時間も連続して高速運転するアメリカでは条件が異なり、ボデーが重い、パワーが足りない、高速安定性に欠けるといった問題が生じた。当時の日本にはまだ高速道路がなかったこともあって、高速耐久試験をしていなかったのである。これ以外にも、まったく予想もしなかったトラブルが発生した。たとえば速度が時速一〇〇キロメートルぐらいになると振動が起り、それを無視して高速走行を続けるとジェネレーターブラケットなどが共振して壊れた。オイルの消耗も激しく、エンジンはオーバーヒートを起した。したがって頻繁に点検・調整をしなければならず、維持費や修理費がかさんだ。当時のわが国の悪路に強いように設計したクラウンは、高速のハイウェー走行の多いアメリカ市場では適格車とはいえなかったのである。

あまりにもトラブルが多く、部品補給を担当した美濃和孝造（元トヨタ自販専務取締役、現トヨタ輸送取締役社長）は、毎日のように本社へレポートを送り対策を要請した。バッテリー一つとっても留金がアメリカのものと合わないために、わざわざ日本から取り寄せるといったありさまであった。こうしたことから、ユーザーがディーラーにフリーサービスを強要するケースが出てくると、アメリカ車との併売が中心のディーラーはこれをきらい、ついにクラウンの販売を手控えるという最悪の事態となってしまった（トヨタ自動車編『創造限りなく』）。

この間、一九五八年七月、神谷は、アメリカ市場の見通しについてつぎのように述べている。

アメリカへの小型車の流入は、今年は30万台ぐらいと見積もられている。これはアメリカ車の生産予定450万台の約7パーセントに相当する。これに対し、当初危惧した輸入制限等の措置はないようであるが、米国メーカーみずからが小型車を開発して、反撃に出る可能性はある。おそらく、小型車を発表するであろう。昭和35年（1960年）には大型車500万台に対し、小型車50万台という予想があるから、アメリカ製小型車は、この前後に現われるのではないか。トヨタは、目下その対応策の準備を進めている（トヨタ自販編『モータリゼーションとともに』）。

神谷の見通しを裏付けるかのように、アメリカの輸入小型車市場は成長をみせ、一九五九年には六一万台に急増し、国内総登録台数の一〇・二％を占めた。一九五〇年代後半、成熟市場の様相をみせたアメリカ市場におけるセカンドカーブームに乗って販売を急速に伸ばし続けていたのはＶＷビートルであり、アメリカ輸入車トップの座を占め続けた。

こうした小型車市場の拡大に応じて、ビッグ・スリーは、相次いで小型車を発表した。ＧＭはシボレーコルベア、フォードはファルコン、クライスラーはプリムスバリアントを投入し、アメリカの小型車市場は内外の乗用車の激しい競争の場と化したのであった。

トヨタは、クラウンに代えて、アメリカメーカーの小型車よりひとまわり小さいコロナを輸出戦略車とした。一九六〇年三月にニューコロナとして発表された二代目コロナは、対米輸出用に一五〇〇ccエンジンを搭載し、ティアラと称して輸出された。しかし、ティアラもアメリカのハイウェイには通用しなかった。

一九六〇年一二月、トヨタは乗用車輸出の中止を決定した。トヨタ自工の石田退三社長は、「二〇〇台くらいの在庫なら太平洋にたたき込んでしまえ」といったと伝えられる（トヨタ自動車編『創造限りなく』）。

クラウンとティアラのアメリカ市場での失敗は、ただの失敗に終わることなく、トヨタに二つの収穫をもたらすこととなった。それは、アメリカのハイウェイに通用する車こそが国際商品たり得るということを理解したこと、そしてアメリカでの販売網を整備するなかで学んだアメリカ的な自動車販売手法や法制度など、関連する知識の吸収ができたことである。神谷は、「必ず輸出ができるという望みを持っておった。輸出をしなければ量産ができない、量産ができなければ自動車産業はダメだということで、一生懸命やった。捲土重来を期して、米国トヨタ販売は残しておきました」と述べている（「戦後産業史への証言（上）」）。

いっぽう日産自動車は、先にも触れたように、一九五八年四月と五月に相次いで三菱商事と丸紅飯田をアメリカにおける輸入業者として、ディストリビューターを整備した。ダットサン乗用車四六六台の対米輸出契約が結ばれたのは五月のことであった。一九五九年七月、ダットサン乗用車はダットサン・ブルーバードにフルモデルチェンジして人気を博し、日産の対米輸出は軌道に乗り始める。その後、先にみたようにアメリカメーカーの小型車進出もあって、競争は激しさを増した。この事態に日産は、より強力な販売体制の構築に動いた。一九六〇年九月、アメリカ日産自動車株式会社をロサンゼルスに設立したのである。

ここで、一九六〇年代初めにおける日産とトヨタの北米への輸出実績をみてみよう。一九六〇年一〇月期から一九六五年三月期の日産の北米向け輸出は六三九台から八五二一台へ増加し、そのうち乗用車は五五七台から五九六二台へと増加した。いっぽう、トヨタの北米向け輸出は、一九六一年一二月期から一九六五年五月期にかけて一四四八台から六三一八台へ、そのうち乗用車は五八台から三二四九台へと増加している（各社『有価証券報告書総覧』）。

この間、トヨタの輸出シェアは、一九五七年六二・八％から一九六〇年の二九・三を経て、一九六二年には二二・七％にまで低下した。日産は、一九五七年の一一・二％から一九六〇年の五〇・一％を経て、一九六二年には五四・〇％を記録した。乗用車の輸出シェアをみても、日産は一九五八年から一九六五年まで八年にわたってトヨタを大きくリードしたのである。一九六二年には、日産の乗用車輸出シェアは、七〇・二％を記録している（トヨタ自販編『モータリゼーションとともに―資料―』）。日産は、ダットサン・ブルーバードやダットサン・トラックというサイズ・性能面での輸出適格車を有していたことが幸いした。

世界市場へのデビューを考えると、輸出実績で日産に劣るトヨタは、輸出戦略車の開発が大きな課題であったことがわかる。神谷の懸念もそこにあった。トヨタ自販の社史は、つぎのように記している。

輸出におけるこの立ちおくれは、トヨタにとって、まことに不本意であった。生産、国内販売でトップの座を維持していたとはいえ、肝心の輸出が第2位では、外貨獲得による国益への貢献を第一義としてきたトヨタの輸出理念が色あせたものになってしまう。特に、当時わが国は慢性的に外貨不足に悩まされており、外貨獲得は国家的要請でもあった。日産自動車（株）川又克二社長は、昭和37年（1962年）5月の昭和37年度最高輸出会議（議長、池田勇人首相）の席上、同社のめざましい輸出増進によって、輸出功労者として表彰されている。〝輸出の日産〟という同社のスローガンは、われわれに重くのしかかった（トヨタ自販編『モータリゼーションとともに』）。

一九五八年、神谷の対米輸出にまつわる判断は、リスクテイキングなものではあったが、アメリカ市場の状況と自動車産業が量産産業であるという特徴をよく考慮した合理的な判断であったということになろう。結果的に、幾度も辛酸をなめることになったものの、国際市場で通用する商品力とはどのようなものかを学ぶことを通じて、アメリカの消費者のニーズや商習慣を一つ一つ習得していったのである。

「輸出の日産」を横目に睨みながら、焦る気持ちを抑えつつ、なすべきことを着実に遂行していく神谷の姿勢は、いかにも派手さを嫌う神谷らしい。とりわけ、神谷が推し進めたのは輸出部門の人材への投資である。

一九六二年二月、トヨタ自販は輸出増進をめざすべく新たに輸出本部を設置した。輸出本部は、トヨタ自工から応援の人員を得るとともに、商社や貿易経験をもつ人材と語学に通じた新卒者を積極的に確保した。同年九月末在籍者は二二一名を数え、一九五九年九月末の輸出部門在籍者五二名に比べて、四倍を超える増強であった。

輸出本部は、日産に遅れること四年、人員の増強を得て仕向け地別の担当部制を採用し、仕向け地別の市場の把握に責任をもつことになった。仕向け先国を市場の大きさによって、四つのランクに分け、アメリカをはじめとした六か国を重点市場として、ランドクルーザー、クラウンなど四車種を重点車種に定めた。国際商品が完成するまでの時間稼ぎであった。

「アメリカのハイウェイで通用する車」をめざして進められていた新車開発の努力は、一九六四年、一五〇〇ccエンジンを搭載した新型コロナの完成によって実を結んだ。エンジンをはじめほぼすべてを一新した新型コロナは、一九六五年四月から三三か月間ベストセラー・カーの栄誉に与った。六六年一一月には、月間登録台数一万六八〇〇台を実現して、月間国内登録の新記録を樹立したのである。

新型コロナの輸出は一九六六年から開始されて好評を博した。輸出用には、連続高速運転を前提に一九〇〇ccエンジンが搭載された。結果として、この年を境にトヨタの輸出シェアは日産を凌駕していくことになった。一九五九年に輸出台数第一位の座を日産に奪われて以来、八年ぶりの快挙であった。新型コロナは、アメリカの自動車専門誌『ロードテスト』の一九六八年度最優秀輸入車賞に選出されている（トヨタ自販『輸出戦略産業としての自動車』）。

ところで、新型コロナの本格輸出を前に、従来の経緯を考えて積極論と慎重論が交錯した。そうした状況のなかで、神谷は「アメリカの自動車市場の動向からみれば、いまが再進出の好機である。商売はタイミングを見きわめることが重要である」との見解を示した（トヨタ自販編『モータリゼーションとともに』）。対米乗用車輸出の再開にあたって、一九六五年にサンプル輸出した新型コロナの動向を確認するため、神谷は約一か月間にわたって現地視察を行った。

帰国後の神谷は、つぎのようにその決意を述べた。

今回の視察の目的は、今後対米輸出にどれだけ力を入れたらよいか、はたして思いきった政策をとっていいものかどうか、それをこの目で確かめることであった。今度の訪米にあたって、アメリカへ進出した当時や、クラウン、ティアラのあいつぐ失敗で苦しかったころを思いだしたが、現地に着いて強い安心感を覚えた。というのは、現地デーラーのトヨタに対する信頼感が意外に強かったからである。それは、コロナに対する信頼感がいかに高いかを物語るものであった。わたくしは、太平洋岸を回ってシカゴからニューヨークに抜けたが、いたる所でコロナの評判は良い。あまりに評判が良すぎて、だまされているのではないかと思ったほどだった。

こうした実情を目のあたりに見て、「これはいける」と判断した。そして、当面の対米輸出目標を年間一〇万台におき、積極的な政策をとることを決心したのである（同前）。

新型コロナの本格的輸出を前に、オーストラリア、マレーシアなどへの輸出や世界各地でPR活動を展開し、各種の見本市や各国のモーターショーへの出品と海外のレースにも積極的に参加した。これらの活動を通じて、新型コロナの評価は高まりつつあった。おりしも、アメリカ市場では、欧州の小型車輸入が伸びつつあった。一九六二年から六六年にかけてのアメリカにおける輸入乗用車シェアは、四・八九％、五・一〇％、六・〇〇％、六・一一％、七・三一％へ、登録台数では三四万台から六六万台へと伸長した（トヨタ自販『輸出戦略産業としての自動車』）。こうした輸入小型車の増勢は、神谷の背中を押すことになったのである。

幾度も辛酸をなめた対米輸出は、乗用車からランドクルーザー中心の販売にシフトすることを余儀なくしたが、それはランドクルーザー需要の多い山間部や郡部中心の販売にシフトしたことを意味した。その結果、都市部をターゲットとした販売網は手薄であり、新型コロナを中心とした都市部の販売店の設置が急がれた。欧米メーカーの後退もあって、販売店の選定に有利な情勢も幸いして、米国トヨタ販売は、一九六六年から六七年にかけて、一〇〇店もの販売店増設に成功した。部品供給体制の整備やアフターサービスの充実もすすめ、アメリカの自動車専門誌『モーター・トレンド』は一九六七年四月号の記事のなかで、コロナに対し「このような製品は、かつての『メイド・イン・ジャパン』の悪印象をとりさりつつある」と評価した（トヨタ自工編『トヨタ自動車30年史』）。

トヨタの対北米輸出台数は、一九六〇年代半ばまで数千台規模であったが、一九六六年の乗用車輸出再開から着実に増加し、六六年二万七〇〇〇台、六七年四万二〇〇〇台、六八年一〇万七〇〇〇台を達成、一九七〇年代半ばにはアメリカでの輸入車販売台数第一位の座を獲得した。「急がば回れ」という神谷のアプローチは、報われたのである。

これまでみてきたような一九五〇年代後半から六〇年代後半にかけての対米輸出における試行錯誤は、いったいどのように理解すべきなのであろうか。拙速な意思決定により対米輸出のタイミングを見誤って混乱を拡大させたという見方もできよう。しかし、相手の立場を洞察しつつタイミングを計ることを大切にした神谷の行動は、たとえその時点で挫折したとしても、そこで得られた教訓を糧に結実した。それは、神谷の事業遍歴によるものなのであろう。

神谷の行動は、経営学者の伊丹敬之によれば、オーバーエクステンション投資である（伊丹・西野『ケースブック経営戦略の論理』、伊丹『日本企業の復活力』）。伊丹は、「あえて過剰に見える背伸びをする」という表現を使っている。まず、トヨタが対米輸出投資を決断した背景を考えると、自動車産業の戦略産業としての重要性と国際商品という特性を考慮して、将来を見越したうえでの米国投資が不可欠であった。大量生産・大量販売を前提とした自動車産業の特性は、アメリカ市場の重要性を重く受け止めざるを得なかった。投資を成功に結び付けるためには、組織としての結束力を高める必要がある。将来に向けての投資が、組織の向かう方向を指し示してくれる。また、投資を成功させるために、試行錯誤が繰り返され、多くのことを学ぶことができる。

組織の結束力を高め、学習意欲をより高めるために意図されるのが、オーバーエクステンションであるという。背伸びをした投資を通じて、競争に自らをさらしながら欠けた部分を補う努力を続ける、ということである。このプロセスでは、組織に欠けている能力を明確に認識し、競争を続けながら欠けた部分を補っていこうとする様々な営みが、構成員の能力の蓄積と向上をもたらしていくという考えである。

役員会での反対を前に退かなかった神谷は、こうした考えを身につけていた。それは、おそらく、豊田自動織機製作所時代の経験が影響を与えていたのであろう。わが国での国産乗用車開発という難問に、しかも外資系企業の活躍が華々しかった当時にあって、正面から立ち向かった豊田喜一郎の姿が、神谷の脳裏に焼き付いていた。自動車の生産・販売、そのいずれにおいても、外資系企業に比べれば、資源の欠如は明確であったが、国産乗用車の確立という目標に向かって、大量生産と大量販売のための投資を続けることで、自らに欠けた部分をより明確化し、欠けた部分を補うために組織の結束と学習への意思は強まっていくことを、神谷はすでに経験済みであった。

商社マンとしてのスタート後も、学閥・閨閥偏重の三井物産に嫌気がして退社し、そこでの経験を生かしてロンドンで商事会社を起業する。それもうまくいかず、帰国後、国際ビジネスの経験を生かして外資系自動車会社に勤務する。外国人スタッフと日本人販売店主との軋轢のなかでの勤務経験が、日本におけるマーケティングの要諦を習得する契機となった。その後、トヨタに転じた神谷は、喜一郎が流通販売のノウハウを有していないなかで自動車事業進出に邁進する姿を目の当たりにした。それどころか、生産の面をみても、計画を進めながら課題を発見しつつ能力の蓄積と向上を進めていくという手法をみせつけられていたのである。

神谷の事業遍歴をたどると、環境変化に受動的に流されることなく、積極的にタイミングを計りつつチャレンジするアニマル・スピリットが窺われる。たとえうまくいかなくても、必ずそこにつぎの飛躍に結びつけるための教訓を見つけ出して、時間をかけて丁寧に準備することを怠らない姿勢が一貫している。

「販売の神様」は、作る側と買う側とを結びつける一台の自動車を売ったこともない努力のひとつであった。すでにみてきたように、神谷は自動車販売のための環境づくりに奔走し、メーカー・ディーラー・ユーザーのいずれも満足のいく販売システムの整備に生涯をかけた。

神谷の経営の中心にあったのは、つねに「相手の立場に立って考える」ということであり、それは企業間競争の場合には経営戦略の策定に活かされたし、販売店との付き合いでは、「販売店には儲けてもらう」という考えに結びついている。

それは、神谷が商業学校以来培ってきた国際感覚と事業を通じて体得した大局観、そして何よりも敬愛する喜一郎の姿に学ぶ姿勢に支えられていた。

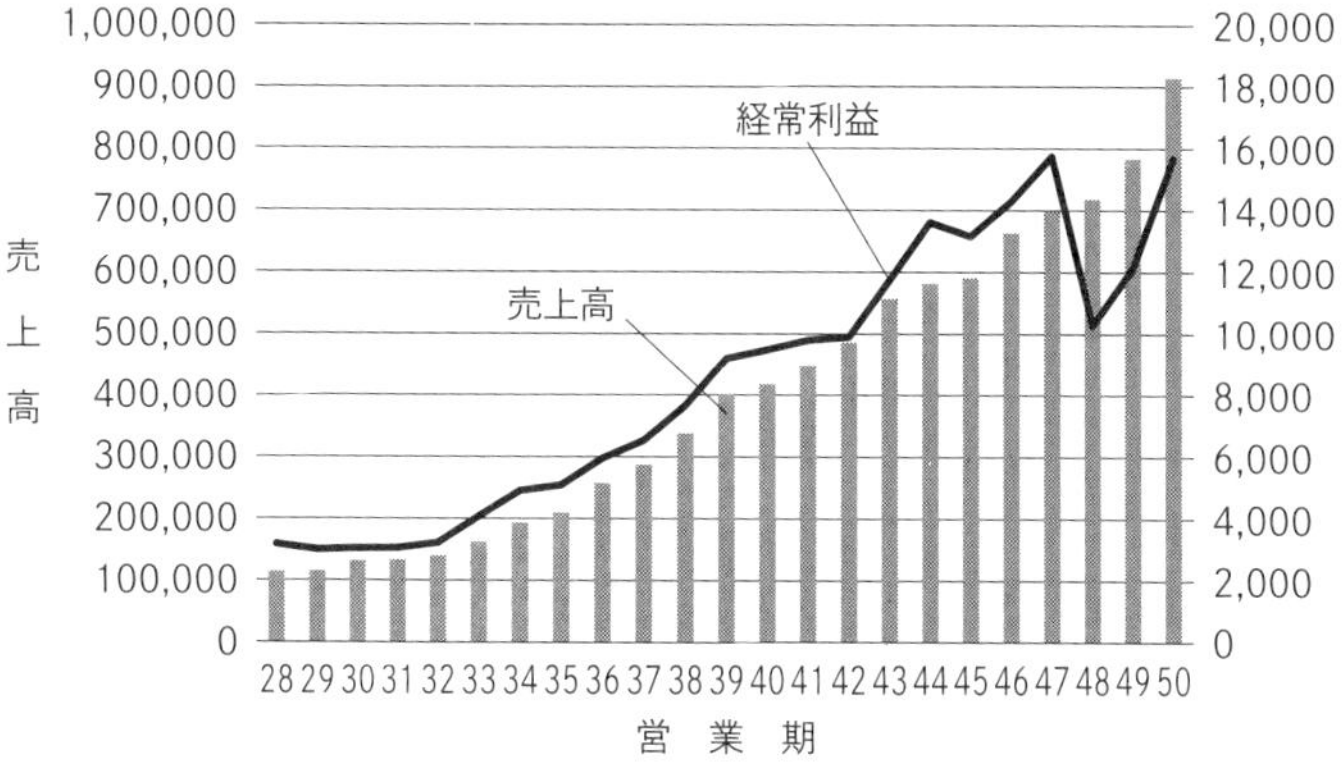

（注）営業期について，28期は1963年10月～64年3月，29期からは4月～9月，10月～3月を示す。50期は1974年10月～75年3月である。

（出所）トヨタ自動車編『創造限りなく―トヨタ自動車50年史　資料集―』1987年，52-53頁より作成。

付図　トヨタ自販の経営成績（単位：百万円）

参考文献

以下の参考文献は、直接引用したもの以外も含んでいる。

愛知トヨタ自動車株式会社社史編纂室編『愛知トヨタ25年史』愛知トヨタ自動車株式会社、一九六九年。

芦田尚道「ミッションの共有によるシステムの創造―系列別自動車販売『再形成』期の製販関係―」法政大学イノベーション・マネジメント研究センター『イノベーション・マネジメント』No・6、二〇〇九年。

阿部武司・大豆生田稔・小風秀雅編『朝倉毎人日記』第5巻、山川出版社、一九九一年。

板垣暁「復興期外国車輸入をめぐる意見対立とその帰結―自動車メーカー・通産省対運輸業者・運輸省―」『経営史学』第三八巻第三号、二〇〇三年。

伊丹敬之『日本企業の復活力―コロナショックを超えて―』文藝春秋、二〇二一年。

伊丹敬之・西野和美編著『ケースブック経営戦略の論理』日本経済新聞社、二〇〇四年。

岩越忠恕『自動車工業論』東京大学出版会、一九六八年。

宇田川勝『日本の自動車産業経営史』文眞堂、二〇一三年。

宇田川勝『日産の創業者　鮎川義介』吉川弘文館、二〇一七年

宇田川勝・四宮正親編『巻島英雄オーラル・ヒストリー』法政大学イノベーション・マネジメント研究センター、ワーキングペーパーシリーズ、No・15、二〇〇六年三月。

宇田川勝・四宮正親・芦田尚道編『片山豊オーラル・ヒストリー』法政大学イノベーション・マネジメント研究センター、ワーキングペーパーシリーズ、No・111、二〇一一年三月。

宇田川勝・四宮正親・芦田尚道編『清水榮一オーラル・ヒストリー』法政大学イノベーション・マネジメント研究センター、ワーキングペーパーシリーズ、No・120、二〇一二年二月。

宇田川勝・四宮正親編著『企業家活動でたどる日本の自動車産業史―日本自動車産業の先駆者に学ぶ―』白桃書房、二〇一二年。

宇田川勝・四宮正親編『前原正憲著「牛尾児（モービル）四十年」（上）』法政大学イノベーション・マネジメント研究センター、ワーキングペーパーシリーズ、No・156、二〇一四年九月。

大須賀瑞夫『評伝田中清玄―昭和を陰で動かした男―』勉誠出版、二〇一七年。

奥村宏・星川順一・松井和夫『自動車工業』東洋経済新報社、一九六五年。

尾崎政久『日本自動車史』自研社、一九四二年。

尾崎政久『豊田喜一郎氏』自研社、一九五五年。

尾崎政久『自動車販売王―神谷正太郎伝―』自研社、一九五九年。

加護野忠男『松下幸之助に学ぶ経営学』日本経済新聞出版社、二〇一一年。

桂木洋二『企業風土とクルマ―歴史検証の試み―』グランプリ出版、二〇一一年。

神谷正太郎『ダイヤモンド産業全書（二一）　自動車』ダイヤモンド社、一九五一年。

神谷正太郎「大衆乗用車育成の三十年」『別冊中央公論　経営問題』一九六五年冬季号。

神谷正太郎『明日をみつめて』トヨタ自動車販売株式会社、一九七四年。

神谷正太郎「私の履歴書」日本経済新聞社編『私の履歴書―経済人15―』日本経済新聞社、一九八一年。

神谷正太郎「乗用車の自由化と国産車」『新日本経済』第二八巻第五号、一九六四年五月。

川又克二追悼録編纂委員会編『川又克二―自動車とともに―』日産自動車株式会社、一九八八年。

経済評論社編『世界市場に挑戦する日本の自動車工業―1965年版―』経済評論社、一九六四年。

交通毎日新聞社編『神奈川県自動車業界発展史』交通毎日新聞社神奈川支局、一九六八年。

是間三郎「ドキュメント戦時自動車販売史第九回〈第六話〉自配の抵抗」日本自動車販売協会連合会編『自動車販売』一九八五年四月。

是間三郎「ドキュメント戦時自動車販売史第13回〈第7話〉終章」『自動車販売』一九八五年八月。

是間三郎「ドキュメント戦後自動車販売史④〈第四話〉曙光」『自動車販売』一九八六年三月。

佐藤義信『トヨタグループの戦略と実証分析』白桃書房、一九八八年。

参議院事務局『第一三回国会参議院運輸委員会会議録』第一〇号。

自動車技術会編『自動車諸元表』自動車技術会、各年版。

自動車工業振興会『自動車ガイドブック』各年版。

自動車史料保存委員会編『乗用車1947―1965』三樹書房、二〇〇九年。

四宮正親『日本の自動車産業―企業者活動と競争力1918～70―』日本経済評論社、一九九八年。

四宮正親『国産自立の自動車産業』芙蓉書房出版、二〇一〇年。

四宮正親『自動車流通の経営史―メーカーとディーラーの関係を中心に―』日本経済評論社、二〇二〇年。

四宮正親「貿易・資本の自由化への対応」経営史学会編・山崎広明編集代表『日本経営史の基礎知識』有斐閣、二〇〇四年。

四宮正親「日産自動車の経営戦略とその帰結―日産・プリンス合併への道程―」宇田川勝・佐々木聡・四宮正親

編『失敗と再生の経営史』有斐閣、二〇〇五年。

四宮正親「戦後の大衆消費社会を創出した企業家活動―松下幸之助と神谷正太郎―」四宮正親『日本の企業家ケーススタディ』関東学院大学出版会、二〇一八年。

衆議院事務局『第六十一回国会衆議院運輸委員会議事録』第三十一号。

鈴木敏雄・関口正弘『裸の神谷正太郎―先見と挑戦のトヨタ戦略―』ダイヤモンド社、一九七〇年。

高橋佐太郎『私の歩んだ五十年』私家版、一九五七年。

高橋佐太郎『草分け運転手』平凡社、一九五八年。

田中清玄・大須賀瑞夫『田中清玄自伝』文藝春秋、一九九三年。

田丸一郎「神谷正太郎の死で揺れるトヨタ自販と神谷一族」『経済ライフ』国連経済社、一九八一年四月。

通商産業省通商産業政策史編纂委員会編『通商産業政策史第9巻―第Ⅲ期　高度成長期（2）―』通商産業調査会、一九八九年。

通商産業省通商産業政策史編纂委員会編『通商産業政策史第10巻―第Ⅲ期　高度成長期（3）―』通商産業調査会、一九九〇年。

手塚博之「サブコンパクトカーと米国輸出市場」『トヨタマネジメント』第一二巻第八号、トヨタ自動車工業トヨタマネジメント研究会、一九六九年。

東京トヨペット株式会社創立50周年記念事業委員会編『東京トヨペット50年史』東京トヨペット株式会社、二〇〇四年。

徳本栄一郎『田中清玄―二十世紀を駆け抜けた快男児―』文藝春秋、二〇二二年。

トヨタ自動車販売株式会社『トヨタ広報資料3　輸出戦略産業としての自動車』トヨタ自動車販売株式会社、

一九六九年。

トヨタ自動車株式会社編『創造限りなく―トヨタ自動車50年史―』『創造限りなく―トヨタ自動車50年史・資料集―』トヨタ自動車株式会社、一九八七年。

トヨタ自動車工業株式会社『有価証券報告書総覧』各年版。

トヨタ自動車工業株式会社社史編集委員会編『トヨタ自動車20年史』トヨタ自動車工業株式会社、一九五八年。

トヨタ自動車工業株式会社社史編集委員会編『トヨタ自動車30年史』トヨタ自動車工業株式会社、一九六七年。

トヨタ自動車販売株式会社『有価証券報告書総覧』各年版。

トヨタ自動車販売株式会社社史編集委員会編『トヨタ自動車販売株式会社の歩み』トヨタ自動車販売株式会社、一九六二年。

トヨタ自動車販売株式会社社史編集委員会編『モータリゼーションとともに』『モータリゼーションとともに―資料―』トヨタ自動車販売株式会社、一九七〇年。

トヨタ自動車販売店協会広報部編『トヨタ自動車販売店協会年史「30年の歩み」』一九七七年。

トヨタ名古屋教育センター編『中部日本自動車学校―30年の歩み―』中部日本自動車学校、一九八八年。

豊田英二『決断―私の履歴書―』日本経済新聞社、一九八五年。

豊田章一郎『未来を信じ一歩ずつ―私の履歴書―』日本経済新聞出版社、二〇一五年。

長嶋修「戦時統制と工業の軍事化」『横浜市史Ⅱ　第一巻（下）』一九九六年。

長田滋『日本車躍進の軌跡―自動車王国アメリカにおけるクルマの潮流―』三樹書房、二〇〇六年。

永冶健「最近の輸出の動向」『トヨタマネジメント』第一二巻第八号、トヨタ自動車工業トヨタマネジメント研究会、一九六九年。

新倉文郎「国産乗用自動車に対する批判」『自動車の日本』第二巻第一号、新生日本社、一九五二年。

日刊自動車新聞社編『自動車産業ハンドブック一九九九年版』日刊自動車新聞社、一九九八年。

日産自動車株式会社『有価証券報告書総覧』各年版。

日産自動車広報室『日産自動車の輸出』一九七四年。

日産自動車広報部『NISSAN INFORMATION』VOL・3　No・6、一九六八年八月二〇日。

日本自動車工業会編『日本自動車産業史』一九八八年。

日本自動車殿堂総覧編集委員会編『日本自動車殿堂総覧　第一巻』日本自動車殿堂、二〇一六年。

日本自動車販売協会連合会・日本小型自動車販売協会・機械振興協会経済研究所編『自動車販売店実態調査報告書―自動車流通の実態―』機械振興協会経済研究所、一九六五年。

日本長期信用銀行調査部『調査月報』No・95、一九六六年。

野村耕作『神谷正太郎論』ライフ社、一九七九年。

冷水茂太『風雪の自動車販売―山口昇の人と事業―』自動車ジャーナル社、一九六六年。

冷水茂太『伝記　菊池武三郎』菊池武三郎伝記刊行会、一九七六年。

牧野昇・竹内均監修『日本の「想像力」―近代・現代を開花させた四七〇人―』第一三巻、日本放送出版協会、一九九三年。

宮本又郎・阿部武司・宇田川勝・沢井実・橘川武郎『日本経営史』第三版、有斐閣、二〇二三年。

矢島釣次監修『トヨタ自販―ディーラー軍団の苦闘と栄光の日々―カープロフェッショナル』弘済出版社、一九七九年。

由井常彦・和田一夫『豊田喜一郎伝』トヨタ自動車、二〇〇一年。

呂寅満『日本自動車工業史―小型車と大衆車による二つの道程―』東京大学出版会、二〇一一年。

吉原勇『トヨタ自販の経営』日本実業出版社、一九七九年。

和田一夫編『豊田喜一郎文書集成』名古屋大学出版会、一九九九年。

「企業研究　トヨタ自動車の解剖」『別冊・中央公論―経営問題―』一九六三年夏季号。

「戦後産業史への証言―巨大化時代3―神谷正太郎（上・中・下）」『エコノミスト』一九七六年、一一月二日、一一月九日、一一月一六日。

『週刊ダイヤモンド』一九七九年六月九日号。

『週刊ダイヤモンド』一九七九年一月二〇日号。

「日本ゼネラル・モータース株式会社及日本フォード株式会社ノ自動車販売方法ノ概要」昭和一一年八月一二日調査、『自動車工業』（経済産業省所蔵小金義照文書）所収。なお、同史料は現在、国立公文書館に移管されている。

あとがき

神谷正太郎の訃報を、当時の新聞記事は、つぎのように伝えた。

「世界のトヨタ」に育て上げた販売の神様神谷正太郎トヨタ自動車販売取締役名誉会長が、二十五日未明、八十二歳で亡くなった。戦前、いち早く自動車産業の将来性を見抜いて、自動車販売にアメリカ的経営を導入、わが国自動車産業の草創期から戦後の発展期に終始販売一線で指揮をとった。トヨタ自工創立時からの役員としては、最後の生き残りで、この意味で、トヨタだけでなく、わが国自動車業界の一つの時代の幕が閉じたといえよう。

神谷氏は、誠実な人柄で、常に相手の立場に立って物事を判断できる人といわれた。これが、人をひきつけ、販売店だけでなく、だれからも「神正さん」と愛され、尊敬された（『読売新聞』一九八〇年一二月二六日朝刊）。

神谷の訃報に接した当時の豊田英二トヨタ自動車工業社長は、同記事の中でつぎのように語っている。

トヨタの創業期に苦楽を共にし、ご指導を受けたありし日のことが、いまさらのように目に浮かぶ。多くの人を心服させる独特の人間的魅力と不屈の精神、卓抜した決断力には、いつも学ぶところが多かった。戦後の混乱期に自工、自販の分離という苦難を乗り越え、天賦の才能を限りなく発揮された。自動車の将来、トヨタの将来が非常に難しい環境に置かれているときだけに、言葉に言い尽くせないさびしさを感じている（同前）。

神谷正太郎と聞いてもピンとこない業界人がいる時代になった。神谷が没して、すでに四〇年もの歳月が流れ、時代はガソリン車からの変化の時代を迎えている。ヘンリー・フォード以来の自動車を取り巻く環境の激変は、私たちの生活にも大きな変化をもたらしつつある。デジタル化に伴う変化は、メーカーのみにとどまらず、当然ながらサプライヤーや特約販売店にとっても変化を強いるものとなる。

そうした時代にあっても、神谷が残した哲学が消え去ることはない。ユーザー・ディーラー・メーカーの共存共栄という考えは、時代を越えて生き続ける。自動車という存在の意味やそのメカニズムが変わったとしても、人命を左右する移動手段であるという基本は変わらない。言い換えれば、そのメンテナンスは決しておろそかにできない役割であることに変わりはない。その機能を高い次元で持ち続けるのが特約販売店である。

私は、二〇二〇年一〇月、『自動車流通の経営史―メーカーとディーラーの関係を中心に―』（日本経済評論社）を上梓した。そこでは、日本における自動車流通の歴史について、外国車の輸入販売から国産車の販売、そして国産車販売におけるメーカーとディーラーの関係を研究対象とした。その底流にあったのは、神谷が唱え続けたユーザー・ディーラー・メーカーの共存共栄の考えであった。

したがって、同書の刊行後、神谷の人物像について、改めて正面からみつめなおす作業をしたいという思いに駆られた。それが本書執筆の動機である。神谷という人物は、「販売の神様」というレッテルにどのような思いを抱いていたのか。財界活動のような派手な活動とは距離を置き、ただ自らの事業欲を満たし続けた彼の姿は、私たちに何を語っているのか。

神谷は、自ら「ときどき、わたくしのことを『販売の神様』などとからかわれる方もあるが、正直なところ、わたくしは一台も車を売ったことがない。ただ、自動車販売とは何か、そして今後どうなるのか、ということを見極めながら先手先手と動いたことが成功につながっただけのことだ。もちろん、多くの関係者、特に販売店の方々が、わたくしの考え方を理解し、協力してくれてこそ、はじめてそうした販売政策が成功したのであるが」と述べている（神谷「私の履歴書」）。

神谷は、トヨタ自動車の創業期、創業者豊田喜一郎と二人三脚でトヨタ車を育て、戦時期には全国的な配給機関の役員を務めながらも、戦後の自由販売の復活を見越して、来るべき時に備えた活動を続け、戦後、自由販売が認められるとすぐにトヨタの販売網セットアップに成功した。

販売部門の分離を受けて、トヨタ自動車販売の社長の座についてから後は、同社を単なる販売会社に止めず、トータル・マーケティングを遂行する企業へと育んでいった。その結果、「販売のトヨタ」という、とりわけ販売力が際立つ企業となった。

ただ、創業者世代から世代交代が進むとともに、トヨタ自販の神谷という存在は、同社の存在と一体化され、トヨタ自動車工業からは、むしろ煙たい存在となった。自動車産業をめぐる状況が大きく変化するなかで、生産部門と販売部門の分離独立がもたらす弊害が目立ち始め、その解消が求められる状況を迎えても、神谷という存在がその障害となっていたといわれる。神谷自身にそんな気持ちがなかったとしても、創業時からの大功労者である神谷の存在は、神谷が思った以上にトヨタ自工にとっては大きかったであろう。トヨタ自工とトヨタ自販が合併したのは、神谷の死後であることがそれを物語る。

本文では触れなかったが、神谷が敬愛する豊田喜一郎の子息である章一郎と達郎兄弟を大事にすればするほど、分家筋にあたる豊田英二は何かしらの危惧を抱いたかもしれない。また、詳細を知ることはできないが、神谷が個人の資格で八社ものファミリー企業を設立し、ファミリー事業の資産管理会社をはじめ広告代理店の南北社や自動車部品製造販売会社極東製鎖など、神谷自身と妻の志津江、長男の正一、次男の宏、三男の昭男らと役員や株主に名を連ねていることは、神谷の事業家としての一面を垣間みるようである。なお、これらのファミリー企業は、トヨタ自販とのなんらかの取引関係も指摘されている（田丸「神谷正太郎の死で揺れるトヨタ自販と神谷一族」）。うがってみれば、豊田一族のトヨタのなかでの神谷の微妙な立場を窺わせる。

本書は、神谷の生涯をたどりながら、その功績を検証するとともに、それを支えた彼の思いに迫ろうとしたものである。本書の意図がどの程度達成されたか。それは、読者の皆さんの判断に待つほかはない。

筆者としては、「いいものをつくれば、必ず売れる」というモノづくりの精神に埋没し、競争力を失っていった企業を思いながら、改めて神谷の精神を思い起こしている。

ユーザーとの接点に位置するディーラーが、メーカーとユーザーを橋渡しして、よりユーザーにとって望ましい製品作りにメーカーを誘導し、普段の製品のメンテナンスを通じてメーカーへのユーザーの信頼感とブランド・ロイヤリティを醸成するというユーザー、ディーラー、メーカーのもつそれぞれの役割を十分に知り尽くした神谷の哲学は、いまもなお色褪せてはいないように思われる。常に、国際感覚と大局観のもとで、相手の立場に立って物事を考える神谷は、改めて評価されるべき自動車産業の巨星であろう。

次男の宏も、父の言葉についてつぎのように述べている。

私が父に教えられた言葉の中で、いちばん心に残り、私自身も努力していることは「相手の立場に立って物を考えよ」という言葉です（牧野・竹内監修『日本の「想像力」』）。

自動車産業の開拓者として、生産と販売の両輪で安全運転とは異質の行動を採った豊田喜一郎と神谷正太郎の事績は、今日の日本企業の経営者には眩く映ることだろう。最後に、経営史家・橘川武郎の言葉を引いておこう。

企業という組織の本来の存在意義は、個々人では負うことができないリスクをとり、リスクを負ったがゆえのリターンとして利益を得て、それを株主や従業員をはじめとするステークホルダーに分配するとともに、次の投資のための財源にあてることである。端的にいえば、投資こそ企業の社会的使命なのであり、企業は投資を通じてこそ社会進歩に貢献しうるのである（宮本ほか『日本経営史』）。

本書の執筆は、研究仲間の皆さんの著作に触発された面も大きい。それは、長谷川直哉『スズキを創った男　鈴木道雄』（三重大学出版会、二〇〇五年）、宇田川勝『日産の創業者　鮎川義介』（吉川弘文館、二〇一七年）、濱田信夫『評伝　西山弥太郎　天皇とよばれた男』（文眞堂、二〇一九年）の三冊である。それぞれが専門研究者の視角から豊かな分析が行われ、学会の共有財産となっている。筆者もその仲間に加えていただきたいと考えた次第である。

一九九七年一一月、法政大学産業情報センター（現・イノベーション・マネジメント研究センター）において、企業家史研究会が組織された。そこでは、主宰者の宇田川勝教授の下で、楽しい議論を経験させていただいた。現在も長谷川直哉教授の下で続く同プロジェクトは、テーマ次第でメンバーの出入りが自由であり、これまで着実に成果をあげてきた。なかでも、企業家史研究会のメンバーでもある濱田氏が先の著書のあとがきで「越境者」という言葉で表現しているが、かつて企業人として活躍されてきた研究者との交流は、かけがえのないものであった。改めて、企業家史研究会でともに研究した皆さんと、積極的な援助をいただいた法政大学イノベーション・マネジメント研究センターのスタッフの皆さんに感謝申し上げたい。また、本書の出版をお引き受けいただいた文眞堂の前野隆社長、編集にご尽力いただいた前野弘太氏、山崎勝徳氏にも深謝したい。

最後に、写真の提供と使用許諾をいただいたトヨタ自動車株式会社、株式会社ATグループ、丸八殖産株式会社に対し、厚く御礼を申し上げる。

執筆を終えた今、大学院時代から互いに切磋琢磨した岡本幸雄研究室の年上の後輩で、石油産業史の研究に注力していた故野田富男氏（九州情報大学元教授）のことを思い出している。彼は、学部時代から九州出身の出光興産創業者・出光佐三に強い関心を持ち、大学院にすすんで以降研究業績を重ねた。その後、勤務先で博士論文の作成に邁進しているさなか、病に倒れた。本当に残念なことであった。若かりし頃、野田氏と企業家について語り合ったことが懐かしく思い起こされる。

本書の刊行に際しては、関東学院大学経営学会から刊行助成を受けた。記して謝意を表したい。

二〇二三年七月　横浜・関内のオフィスにて

四　宮　正　親

神谷正太郎関係略年譜

西暦	年号	齢	個人事項		会社事項		一般事項	
1898	明治 31	0	7.9	愛知県知多郡横須賀町(現在の東海市)で出生				
1917	大正 6	19	3	名古屋市立商業学校卒業				
			4	三井物産株式会社入社				
1918	大正 7	20	5	同社シアトル出張所勤務			3	軍用自動車補助法公布
			11	同社ロンドン支店勤務				
1923	大正 12	25					9	関東大震災
1924	大正 13	26	7	帰国，内地勤務				
			9	同社退社				
1925	大正 14	27	4	ロンドンにて神谷商事設立			2	日本フォード設立
1926	大正 15	28			11	豊田自動織機製作所設立	6	商工省，国産振興委員会を設置
1927	昭和 2	29	5	神谷商事廃業，帰国			1	日本 GM 設立
							3	金融恐慌
1928	昭和 3	30	1	日本 GM 入社，代表員，東京事務所支配人，販売広告部長，本社副支配人等を歴任				
1930	昭和 5	32			5	豊田自動織機製作所にて自動車研究が始まる	5	国産振興委員会，自動車工業の確立方策を答申
1931	昭和 6	33					9	満州事変
1933	昭和 8	35			9	豊田自動織機製作所に自動車部を設置	12	自動車製造（翌年，日産自動車に改称）設立
1934	昭和 9	36			1	豊田自動織機製作所は臨時株主総会において自動車事業進出を正式決定		
					3	自動車試作工場完成		
					9	A 型エンジン試作完了		
1935	昭和 10	37	10	日本 GM 退社，豊田自動織機製作所入社，自動車部の販売責任者となる	5	A1 型乗用車の第 1 号車試作完了	4	日産自動車はダットサンセダン第 1 号車をラインオフ
					8	G1 型トラックの第 1 号車試作完了	8	自動車工業法要綱を閣議決定
					9	G1 型トラックの総合運行テスト実施		

					11	G1 型トラックを発表		
1936	昭和 11	38			4	AA 型乗用車生産開始	2	二・二六事件
						第 1 回販売店協議会を開催	5	自動車製造事業法の公布（7 月施行）
					7	AA 型乗用車を名古屋で発表		
					9	AA 型乗用車と GA 型トラックを東京で発表		
						豊田自動織機製作所は自動車製造事業法の許可会社に指定		
						GA 型トラックの生産開始		
1937	昭和 12	39	8	トヨタ自動車工業設立と同時に取締役販売部長に就任	8	トヨタ自動車工業設立	7	日中戦争
1938	昭和 13	40			夏頃	フォードとの提携交渉	4	国家総動員法の公布（5 月施行）
1939	昭和 14	41					9	第二次世界大戦
1941	昭和 16	43					12	自動車統制会設置
								太平洋戦争
1942	昭和 17	44	7	日本自動車配給へ出向，常務取締役車両本部長に就任				
1944	昭和 19	46	11	トヨタ自工取締役に復帰				
1945	昭和 20	47	12	トヨタ自工常務取締役就任			8	第二次世界大戦終結
							9	GHQ，トラック生産を許可
							11	自動車協議会発足
1946	昭和 21	48	5.18	トヨタ自工において全国自配代表者会で講演				
1949	昭和 24	51	4	自動車輸出振興会理事に就任			10	GHQ，乗用車生産制限を解除
1950	昭和 25	52	4.3	トヨタ自動車販売設立と同時に社長に就任	6	フォードとの提携交渉	4	自動車の配給統制撤廃
			6	海外視察のため渡米				
1952	昭和 27	54					8	IMF に加盟
1953	昭和 28	55	3	東京トヨペット取締役会長就任	3	東京トヨペットを設立		
1955	昭和 30	57	6	アメリカ視察	1	トヨペットクラウン発売	5	通産省は国民車育成要綱案を公表
			9.1	通産省顧問に就任			9	GATT に加盟
1956	昭和 31	58			4	複数販売店制を導入		
						トヨペット店の設置開始		
1957	昭和 32	59	2	学校法人桜花学園理事に就任	2	定価販売制を採用		
			3	アメリカ視察	2	ディーゼル店設置開始		
					5	各販売店の経営成績資料の標準化に着手		
					5	中部日本自動車学校開校		

					10	米国トヨタ販売設立		
1958	昭和33	60			6	米国へクラウンを輸出		
1959	昭和34	61	6	千代田火災海上保険取締役に就任	8	乗用車専用の元町工場操業開始		
1960	昭和35	62	5	藍綬褒章を受章	初頭	フォードとの提携交渉	6	貿易・為替自由化計画大綱
					6	ティアラの対米輸出開始		
			5	東海銀行参与に就任	秋頃	パブリカ店の設置開始		
1961	昭和36	63	9	中京テレビ放送（12月，名古屋放送へ社名変更）を設立，取締役社長に就任	6	パブリカ発売	4	バス・トラック，250cc以下の自動二輪車，エンジン関係以外の部品輸入自由化
							5	3グループ構想の公表
							9	貿易自由化計画繰り上げ決定
							12	250cc以上の自動二輪車輸入自由化
1962	昭和37	64	5	紺綬褒章を受章	2	トヨタ自販は輸出本部を設置		
			10	日本自動車連盟理事に就任	10	クラウンRS40発売		
1963	昭和38		7	トヨタ自工監査役に就任				
1964	昭和39	66	5	千代田生命保険監査役に就任			4	OECDに加盟
1965	昭和40	67			4	乗用車の対米輸出再開	10	完成乗用車の輸入自由化実施
					11	上郷工場操業開始		
1966	昭和41	68	5	自動車工業会，自動車輸出振興会合併により自動車工業会設立され，理事に就任	5	新型コロナ対米輸出	10	トヨタ自工・自販，日野自工・自販業務提携
					9	高岡工場操業開始（カローラ専用）		
					11	カローラ発売		
1967	昭和42	69	4	自動車工業会，日本小型自動車工業会合併により，日本自動車工業会設立，理事に就任	7	オート店の設置開始	11	トヨタ自工・自販，ダイハツ工業業務提携
			6	輸出振興内閣総理大臣表彰受賞				
			11	豊田自動織機製作所監査役に就任				
1968	昭和43	70	11.3	勲二等旭日重光章受章	5	スプリンター発売		
			11	自由化について講演				
1969	昭和44	71	6	千代田火災海上保険取締役会長に就任	3	パブリカ店はカローラ店に変更		
1970	昭和45	72			7	蓼科山聖光寺の落慶式		
1971	昭和46	73	5	インドネシア・スハルト大統領と会談			4	自動車資本の自由化実施
1972	昭和47	74	3	トヨタ学園理事長に就任				
			6	米国ユタ州立大学から名誉人文科学博士号を授与				
			12	ジャパン・インドネシア・オイル社の社長に				

				就任			
1973	昭和 48	75	11.3	勲一等瑞宝章受章			
1975	昭和 50	77	12	トヨタ自販会長に就任			
1979	昭和 54	81	6	同社名誉会長に就任			
1980	昭和 55	82	12.25	死去			
1981	昭和 56				6	トヨタ自販社長に豊田章一郎が就任	
1982	昭和 57				7	トヨタ自工と自販合併し，トヨタ自動車発足	

（注）年齢欄は，神谷正太郎の誕生日以降の満年齢を示す。

（出所）神谷正太郎『明日をみつめて―私の履歴書―』トヨタ自動車販売，1974 年。トヨタ自動車，トヨタ自動車販売の各社史。由井常彦・和田一夫『豊田喜一郎伝』トヨタ自動車，2001 年，その他に依拠して作成。

【著者略歴】

四宮 正親（しのみや・まさちか）

一九五八年、熊本県生まれ。一九八六年、西南学院大学大学院経営学研究科博士後期課程単位取得満期退学。一九八八年、徳山大学（現・周南公立大学）経済学部専任講師。一九九一年、高千穂商科大学（現・高千穂大学）商学部助教授、その後、同教授。二〇〇〇年、関東学院大学経済学部教授を経て、現在、関東学院大学図書館長、経営学部教授、法政大学博士（経営学）。この間、法政大学経営学部、明治大学専門職大学院グローバルビジネス研究科、横浜市立大学国際総合科学部兼任講師、龍谷大学社会科学研究所兼務研究員を歴任。二〇〇七年度、Queen Mary, University of London, Visiting Professor

専攻　自動車産業経営史、企業家活動

主要著作

『日本の自動車産業―企業者活動と競争力　1918～70―』（日本経済評論社、一九九八年）、『国産自立の自動車産業』（芙蓉書房出版、二〇一〇年）、『日本の企業家―ケーススタディ―』（関東学院大学出版会、二〇一八年）、『自動車流通の経営史―メーカーとディーラーの関係を中心に―』（日本経済評論社、二〇二〇年）、『失敗と再生の経営史』（共編著、有斐閣、二〇〇五年）、『企業家活動でたどる日本の自動車産業史』（共編著、白桃書房、二〇一二年）、『企業家活動からみた日本のものづくり経営史』（共編著、文眞堂、二〇一四年）、「自動車―1960年代における競争パターン―」宇田川勝・橘川武郎・新宅純二朗編『日本の企業間競争』（有斐閣、二〇〇〇年）、"Nissan's Business Strategies in the 1960s" *Japanese Research in Business History*, Business History Society of Japan, 2008　ほか多数。

「販売の神様」といわれて
評伝 神谷正太郎

二〇二三年一二月一五日　第一版第一刷発行

著　者――四宮　正親
発行者――前野　隆
発行所――株式会社　文眞堂
〒162-0041
東京都新宿区早稲田鶴巻町533番地
TEL：03-3202-8480
FAX：03-3203-2638
http://www.bunshin-do.co.jp/
振替00120-2-96437
印　刷――モリモト印刷
製　本――高地製本所

©2023

定価はカバー裏に表示してあります
ISBN978-4-8309-5239-5　C3034